《古詩源》

《清詩別裁集》

《唐詩別裁集》（香港中華書局 1977 年出版）

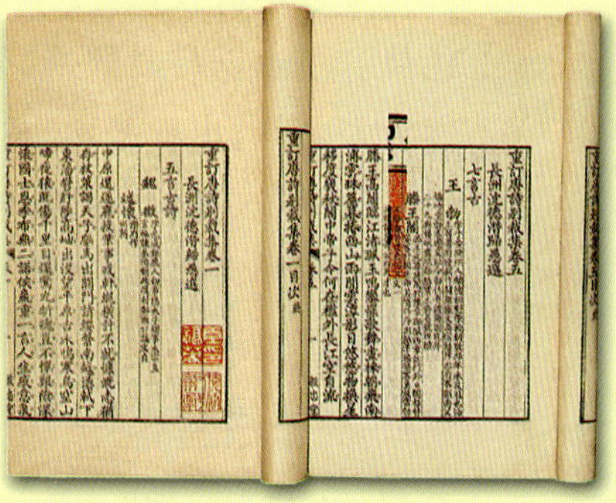

《重訂唐詩別裁集》內頁

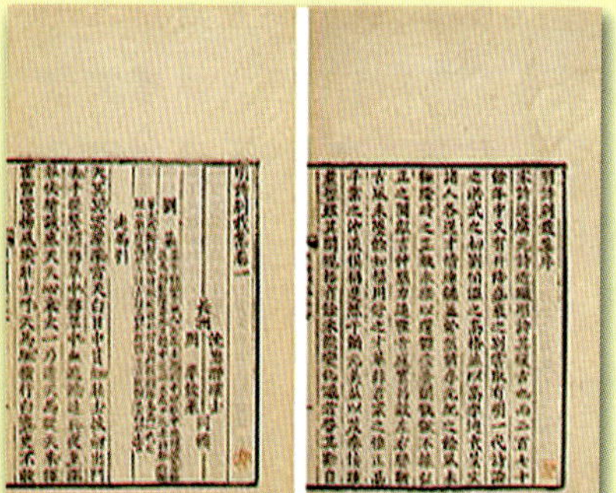

《明詩別裁集》內頁

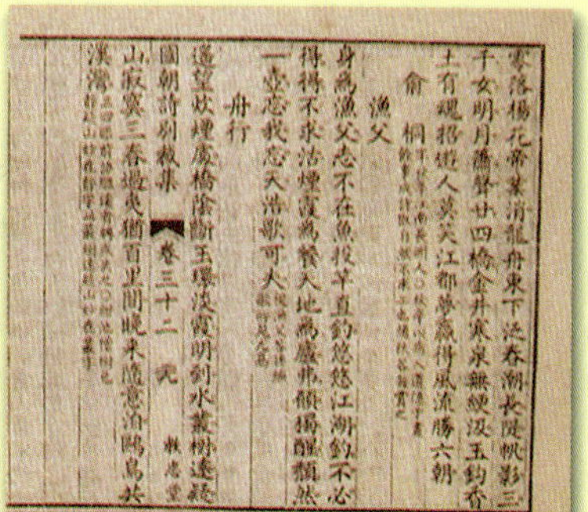

《清詩別裁集》內頁

何序

何文匯

自科舉廢後,於今百年,不獨為官者多不能詩,為師者亦多不能詩。今者以科教興國,棄古詩文如敝屣,於古之詩心,尤難體會。然古人為詩,出則經國,處則攄情,詩之為用可知矣。

陸機《文賦》云:"詩緣情而綺靡。"陳子昂《修竹篇序》云:"僕嘗暇時觀齊梁間詩,彩麗競繁,而興寄都絶,每以永歎。"《喜馬參軍相遇醉歌並序》云:"夫詩可以比興也,不言曷著。"概自漢世五言萌發,至清末民初而止,詩或緣情自遣,或比興諷諭,詩風雖因時而異,其用未嘗變也。

古之詩風,乃當時文官為詩之風尚。大率國始興則文緩,國始衰則氣壯,國更衰則文巧氣弱。唐初,太宗好宮體詩,以其可以歌詠昇平也。陳伯玉處高武昏亂之時,亟倡興寄,然鮮有應者。五十年後,玄宗誤國,唐始衰而伯玉之言始彰,而詩趨用世。晚唐黨宦之禍迭至,人思遠害,於是詩人耽於格式,詩風日趨纖巧,遲暮之象成矣。雖則杜荀鶴詩有陳體,繼彼清流,亦無濟於事。宋興而尚西昆,亦猶唐興而尚宮體也。其後國運陵遲,於是棄西昆,尊杜甫,興道學。國再衰而詩尚空論,又宗晚唐,而國亡矣。

元祚短促,漢人無國,詩風固不足論。明興而臺閣争詩盛世,文歸舒徐。及國運漸衰,復古詩風遂起,圖致匡扶之力。然明人習制義而好拘束,懼廠衛而慎語默,于謙受戮,骨鯁道窮。其復古之説自與陳伯玉異。伯玉專興寄,其《感遇》詩譏刺武氏而不忘唐,即用興寄之法。故杜工部云:"終古立忠義,感遇有遺編。"而明人所謂復古,則輕興寄而重格調,侈言詩法,終而存形而遺神。又好為奇語,李攀龍《唐詩選序》云:"唐無五言古詩,而有其古詩。陳子昂以其古詩為古詩,弗取也。"其迂無以復加。既不審伯玉《感遇》諸詩興寄之精義,復棄風骨而取皮相,詩論斯為下矣。

清代明,雖致力籠絡漢人,然政治嚴苛,文字獄之慘刻,前所未有,因詩文招禍者不鮮矣。是則寄情於格調神韻,既有裨於詩法,亦能保身。故明中葉以來之主流詩論得以延續。然詩人辨析毫芒,偏頗難免。乾隆年間,沈歸愚融合衆説,宏之以風神,約之以詩教,情理兼備,成一家言,承傳之功甚偉。陳君岸峰博士研精覃思,博覽群籍,以察秋毫之明,積數年之功,成《沈德潛詩學研究》論文,縷析歸愚詩論,上溯前後七子、公安、竟陵以及王漁洋,又旁及袁子才,使格調、神韻、性靈諸説不復糾結難明。明清詩論既繁,或不免費解。後人悪其繁,往往御之以簡,終而失其原旨,尤易厚誣古人。今岸峰之論文得以成書面世,原旨將大明矣。余既深嘉岸峰之識見,值其書稿付梓,遂為之序,用表賞愛之意。

二零一一年,歲次辛卯,何文匯誌。

陳　序

陳永華

近年來,無論内地,還是香港,由先秦諸子學説以至於明、清著作,都一定要放入現代商業框架,審視其立論如何能令人馬上在職場上突圍而出,以謀略及權術賺取第一桶金。純文學研究及高尚的人文價值,在香港幾近蕩然無存。

同袍陳岸峰博士博覽群書,學識淵博,著述甚豐,現今以個人的力量,立論著書,期望撥亂反正,堪稱俗世清流。惟盼岸峰兄的《沈德潛詩學研究》及其他著述,能令莘莘學子在香港所謂"新學制"的中學課程逐漸遠離文學以致將來可能言之無物的母語教育中,看到一絲曙光!

期望繼續有像岸峰兄一樣的有心人士,承先啓後,使中華文化不至於迷失在全球化的經濟社會之中。

2011 年 4 月 18 日

目　録

第一章 沈德潛的詩學歷程及其相關研究評估

一、前言

有關復古詩派①的論爭,從明中葉至清初,衆説紛紜,向無定論,及至沈德潛(確士,1673－1769)在詩壇的崛起,其對復古詩派的批判性傳承及其所建構的具有創造性與突破性的詩學體系,方纔解決了長久以來的詩學論爭,復將格調派的詩學推向新的高峰。沈氏既有深入探討詩學理論的《説詩晬語》,又編選了《古詩源》、

① 此處復古詩派由前、後七子組成。前七子乃以李夢陽(獻吉,1472－1530)與何景明(仲默,1483－1521)為首,此外尚有徐禎卿(昌穀,1479－1511)、邊貢(廷實,1476－1532)、康海(德涵,1475－1540)、王九思(敬夫,1468－1551)、王廷相(子衡,1474－1544);後七子乃以李攀龍(于鱗,1514－1570)與王世貞(元美,1526－1590)為主,此外尚有謝榛(茂秦,1495－1575)、宗臣(子相,1525－1560)、梁有譽(公實,1519－1554)、徐中行(子輿,1517－1578)與吴國倫(明卿,1524－1593)。因為彼等提倡"文必秦漢,詩必盛唐"的復古文學觀念,故此一般文學史與文學批評史對這一流派也以"復古詩派"視之。

《唐詩別裁集》、《宋金三家詩選》、《明詩別裁集》、《清詩別裁集》以及《杜詩偶評》等六種選本。這六種選本,既是其詩學理念的具體體現,亦是針對自明中葉以降的各種不同選本的缺失而作的彌補。由此可見,其詩學體系之精密與深邃。除了理論層面與實際批評兼備之外,其詩學理論更是有意識地批判與傳承明代前、後七子的詩學理念,且又針對明末以降的詩壇流弊。故此,藉著對沈德潛詩學的研究,必有助我們進一步省思明、清兩代詩學理論的發展、承傳以及演變關係。

在此敘述的是沈德潛詩學體系的建構歷程,再下及 20 世紀有關沈德潛研究的評估。

二、沈德潛生平及其詩學發展

關於沈德潛的生平事跡,最早的記載可見於袁枚(子才,1716－1798)為他撰寫的《太子太師禮部尚書沈文慤公神道碑》。①以下將結合清代有關沈氏的史傳、鄉志及碑文對沈氏的生平作簡單扼要的探討。這裏所著重的是沈氏與當時詩壇人物的交往及其著述、評選的事跡,以期對這樣一位在詩學上繼往開來,有意識地為復古詩派在明末清初以來所存留的詩學困局尋找突破,並綜合、開創了一套博大深邃的詩學體系的一代宗師,有較為全面而深入的認識。

① 袁枚:《太子太師禮部尚書沈文慤公神道碑》,袁枚著、周本淳標校:《小倉山房詩文集》(上海:上海古籍出版社,1988),下冊,卷三,第 1216－1218 頁。而沈氏的故鄉蘇州的《蘇州府志》卷八九亦載《沈德潛傳》。此外,《清史列傳》卷一九、《清史稿》卷三〇五及《國朝先正事略》卷一八均有關於他的記載。

沈德潛,字確士,號歸愚,蘇州府長洲縣人,生於康熙(玄燁,1654－1722;1661－1722在位)十二年(1673),卒於乾隆(弘曆,1711－1799;1735－1796在位)三十四年(1769),享年九十七。沈氏的祖先從吴興(浙江北部)竹墩遷居蘇州。① 德潛初徙木瀆,後來移居郡城。五歲始從祖父沈欽圻學音韻。初讀書時,祖父問以平上去入,德潛皆能應對,祖父因而說:"是兒他日可成詩人。"②並賜詩以作嘉許。七歲(康熙十八年)隨祖父往蓍澤湖宋氏館讀書。其父為家庭教師,可家境相當貧困。十一歲的沈德潛日間讀《左傳》及韓文,晚上則讀唐律、絶詩以及古文選本。

然而,其時文的訓練或有所不足,這與沈氏後來連續十七次考進士試均落第,不無關係。這種推測可從他詠絶句時被老師制止、教訓得到印證,其師施星羽說:"勿荒正業,俟時藝工,以博風雅之趣可也。"③所謂的"正業",乃指學習應試的時文。施氏教授沈大約祇有兩年多(1688－1690冬),後來因為沈氏家貧而辭去教席。康熙三十年(1691),沈氏受業於蔣濟選(覺周,長洲諸生)。④ 是年,他應縣府試,獲取録;次年應院試不中。康熙三十二年五月後始讀《史記》、《漢書》,閒時則讀漢魏樂府,學成古文。一年後(1694),成秀才,為長洲博士弟子員。由康熙三十四年(1695)至康熙五十三年(1714)間,他共赴省試六次,皆不中。而這期間,沈德

① 沈德潛:《沈歸愚詩文全集》(香港科技大學藏臺灣"中央研究院"傅斯年圖書館清乾隆年間刊本複印本),第4冊,《年譜》,第1頁。

② 沈德潛:《沈歸愚詩文全集》(香港科技大學藏臺灣"中央研究院"傅斯年圖書館清乾隆年間刊本複印本),第4冊,《年譜》,第3頁。

③ 沈德潛:《沈歸愚詩文全集》(香港科技大學藏臺灣"中央研究院"傅斯年圖書館清乾隆年間刊本複印本),第4冊,《年譜》,第6頁。

④ 見《蔣先生傳》。沈德潛:《沈歸愚詩文全集》(香港科技大學藏臺灣"中央研究院"傅斯年圖書館清乾隆年間刊本複印本),第3冊,卷一六。

潛仍以授徒維生。康熙三十七年(1698)四月,應張岳未的詩文會,並一起學詩於葉燮(星期,1627－1703)。[①] 葉氏著有《原詩》一書,論詩之"變",上溯詩歌之源頭,這對沈德潛的詩學有極大的影響。葉氏曾以自己所製古文及門人之詩作寄給當時以"神韻説"而名於世的詩壇盟主王士禛(貽上,1634－1711)。王士禛在覆信中指出沈德潛之詩作淵源葉燮,而且"不止得皮、得骨,直已得髓"[②]。沈氏曾於三十歲時兩度寫信給王士禛,王氏亦曾覆信,然不久王氏即逝世,兩人始終緣慳一面。

康熙四十六年(1707),沈德潛與張岳未、徐龍友、陳匡九、張永夫等友人成立城南詩社。康熙四十八年(1709),與周允武及周準定交,周準後來與沈氏共同編選《明詩别裁集》。康熙五十四年(1715),開始批選唐詩十卷。次年,陳樹滋攜選稿到廣南刊刻,次年十月寄回,德潛為之補序;同月,沈氏開始選古詩,《古詩源》於次年二月編成。雍正(胤禛,1678－1735;1722－1735 在位)三年(1725)十月,俞兆晟(叔穎,生卒年不詳)按崑科試,取沈德潛為一等第一,原卷:"融化經言,佐以議論,董醇賈茂,兩者兼之。"覆卷評:"金石奏而蟋蟀之鳴自破。"[③]歲終,《古詩源》刻成。開始選明詩。

雍正九年(1731),成《説詩晬語》兩卷。這一論詩專著,涵蓋面極廣,大如縱論詩之源流升降,微及章法句法以至於音韻格調配

---

① 見《葉先生傳》。沈德潛:《沈歸愚詩文全集》(香港科技大學藏臺灣"中央研究院"傅斯年圖書館清乾隆年間刊本複印本),第 3 冊,卷一六。

② 沈德潛:《沈歸愚詩文全集》(香港科技大學藏臺灣"中央研究院"傅斯年圖書館清乾隆年間刊本複印本),第 4 冊,《年譜》,第 8 頁。

③ 沈德潛:《沈歸愚詩文全集》(香港科技大學藏臺灣"中央研究院"傅斯年圖書館清乾隆年間刊本複印本),第 4 冊,《年譜》,第 16 頁。

襯,而其中對歷代詩歌得失,尤其是詩學方法論上的探討皆極其具體細緻,乃其詩學思想之精華所在。

同年三月,浙督李衛聘沈德潛參與修《浙江通志》、《西湖志》(分列水利、名勝、山水、堤塘等二十門),沈德潛得以遍覽載籍。其時,沈德潛交往的詩友頗多,以厲鶚(太鴻,1692 – 1752)名聲最著,厲鶚乃浙派後期宗主。袁枚在《答沈大宗伯論詩書》中雖説"先生(沈德潛)誚浙詩,謂沿宋習、敗唐風者,自樊榭為厲階"①,然而,沈氏於《清詩別裁集》中卻對厲鶚有頗高的評價:

> 樊榭徵士學問淹洽,尤熟精兩宋典實,人無敢難者。而詩品清高,五古在劉昚虛、常建之間。今浙西談藝家,專以飣餖捃撦為樊榭流派,失樊榭之真矣。②

可見沈氏相當推崇厲氏的學問與詩歌,所批評的衹是以厲氏為宗的浙派末流而已。

雍正十二年(1734)三月,詔舉博學鴻詞,沈德潛被貶斥,而《明詩別裁集》亦於此際刻成,乃沈德潛對明代復古詩派的批判與傳承之選;其中對錢謙益之痛詆前、後七子頗多糾正,亦不乏批評。在選詩與評價上,均體現了沈德潛作為一代詩宗的胸襟與識見,亦乃研究其對明代復古詩派之批判與傳承關係的重要資料。

乾隆三年(1738)八月赴省試,九月開榜,共赴試十七次的沈德

① 袁枚著、周本淳標校:《小倉山房詩文集》(上海:上海古籍出版社,1988),下冊,卷一七,第5頁。

② 沈德潛選評:《清詩別裁集》(香港:中華書局,1977),卷二四,第424頁。

潛終於考中第二名，與後來性靈派宗主袁枚同榜。次年二月應春官試，中六十五名，殿試第八，朝考第三。五月成進士，改庶吉士。十一月乞假歸里，仍以授徒維生。乾隆七年（1742）四月，散館御試，等第分第一，留館。六月九日輪班引見，乾隆諭曰："沈德潛係老名士，有詩名。"①命和《消夏十詠》五律，此後常奉命和御製詩，可見乾隆對他的恩寵，後來他將其與乾隆和唱之作輯成《矢音集》。同年九月，分修《明史》綱目。其後一年五遷至日講起居注官，可見恩眷甚隆。乾隆五年（1740）正月，沈氏校勘《舊唐書》完畢，開始校《新唐書》。由此便不難明白他何以在評唐詩中，尤其是在《唐詩別裁集》與《杜詩偶評》中評杜詩時對唐代的史實及典章制度之嫻熟了。及後更是平步青雲，命為上書房行走。及至乾隆十四年因噎病未痛，奉旨不必到上書房，許歸故里，命校閱御製詩稿畢即起行。

乾隆十六年（1751）十月，沈德潛評選的《杜詩偶評》刻成。有學者認為其《杜詩偶評》可能是在教皇子杜詩時加以評選的。② 事實上，此選多胎源於《唐詩別裁集》的杜詩之選。次年五月，開始評選《國朝詩別裁集》（即《清詩別裁集》）。冬月，批選《國朝詩別裁集》完畢。乾隆二十四年（1759）九月，蔣子宣刻成《清詩別裁集》。因蔣氏的刻本錯別字太多，沈氏於次年三月命兒子種松重刻。越明年二月，增訂《清詩別裁集》刻成，十一月在京賀皇太后壽時進呈歷朝聖母圖冊及《清詩別裁集》。然而，乾隆卻下諭旨指出國朝詩選不應以錢謙益冠詩人之首，而錢名世為名教罪人，不應入選，且

① 沈德潛：《沈歸愚詩文全集》（香港科技大學藏臺灣"中央研究院"傅斯年圖書館清乾隆年間刊本複印本），第4冊，《年譜》，第27頁。

② 胡幼峰：《沈德潛詩論探研》（臺北：學海出版社，1986），第24頁。

又直稱慎郡王名諱,著令南書房諸臣删改,重付鐫刻。此選在在突顯了選詩者沈德潛與清廷在意識形態上的緊張關係。此等事實,正可駁學界自 1949 年以後某些研究詆沈氏為帝皇粉飾太平之御用文人、封建幫兇之謬。何謂客觀?何謂學術?有識者自懂得分辨。

乾隆二十八年(1763)八月,增訂《唐詩别裁集》刻成,共二十卷。至此沈德潛所評選的六種詩選,均已完整面世,其選本既有細緻的批評或鑒賞以至於作詩之法的導引,同時亦呈現了其條理分明的詩學理念,特別回應了自明中葉至清初由復古詩派所引發的詩學論爭,並在前人的基礎上建構了一套創造性的詩學體系,為復古詩派的詩學困境作出了突破。故而,選本在沈德潛詩學體系中佔有非常重要的位置。

兩年後的閏二月十二日,沈德潛加太子太傅銜。十九日,上諭德潛改食正一品俸。三月,舉九老會。四月,門生王廷魁為德潛鐫御製詩文及恭和御製詩,自乾隆二十三年至三十年,前後共六卷。德潛的自訂年譜至乾隆三十一年(1766)止,是年已是九十四歲。乾隆三十四年(1769)九月,沈德潛逝世,享年九十七歲。

三、有關沈德潛研究的評估

關於沈德潛的研究,最早的研究者乃 1938 年吴興華的《唐詩别裁書後》一文,刊載於《文學年報》第 4 期,衹有兩頁。該文以文言文寫成,對沈德潛在《唐詩别裁集》中的選詩列出五點商榷的地方,包括:一、未能免於穿鑿附會;二、論詩必歸於雅正而盡摒香艷之作,可謂矯枉過正;三、因尊韓文而以為韓詩優於柳詩,"不啻以矩作圓,以規畫方";四、尊古詩而以為其錯綜變化非律絶所能,而不懂律絶之優柔婉麗、一唱三嘆,實為狹隘;五、雖稱淵博而仍未能免於尊唐抑宋之窠臼。[①] 事實上,沈氏在治唐史的基礎下詮釋唐詩,非一般詩家可比;其摒香艷之作,自有其詩學主張;其大力提倡韓詩,乃其格調説不可或缺之内涵;至於律絶之優柔婉麗、一唱三嘆,更是沈氏一再讚嘆之所在。總的來説,此文僅為吴氏的印象式讀後感而已,而非深入的研究。

正式對沈德潛的詩論有較為深入探討的應是郭紹虞,在1947年出版的《中國文學批評史》(下冊)一書中,郭氏指出沈德潛的詩論乃格調與温柔敦厚並重,此見可謂一錘定音。然而,郭氏衹是將沈德潛附於其師葉燮之後,篇幅極短,未能對沈德潛的詩論作深入的探討。其實,郭氏早在1937年的12月及1938年的6月就曾在《燕京學報》第22期與第23期發表了《神韻與格調》與《性靈説》兩文,[②]前者探討了嚴羽(儀卿,生卒年不詳)詩論對明代前、後七子的格調説與王士禛神韻説的影響及兩者可溝通之處,而後者又從明代公安派的袁宏道而論到清代的袁枚。前者並沒提及沈德潛的格調説與明代復古詩派的格調説以及王士禛神韻説以至於嚴羽詩

① 吴興華:《唐詩別裁書後》,《文學年報》,1938年第4期,收入《文學年報論文分類彙編》(香港:龍門書店,1969),第1冊,第253-254頁。

② 見香港浸會大學圖書館微顯資料:《燕京學報》,第5卷,1937年第22期(12月),第145-176頁;1938年第23期(6月),第47-92頁。郭紹虞的《神韻與格調》及《性靈説》兩文後來輯成《中國詩的神韻、格調及性靈説》,1971年由香港的崇文書店出版;而臺灣的莊嚴出版社在1982年亦重刊了此書。本書採用的是1971年的崇文書店版。

論的關係,而後者亦没有論及袁枚性靈説與沈德潛格調説的關係,即沈德潛的格調與袁枚的性靈有何溝通之處。雖然郭氏後來在其《中國文學批評史》一書中在討論嚴羽、明代復古詩派以及王士禛的神韻説時略有提及,然終非就沈德潛的詩論内涵及其所面向的詩學問題而作出全方位的論述。

在國外方面,最早研究沈德潛詩學者乃日本的青木正兒(1887－1964),於1950年由岩波書店出版了《清代文學評論史》。[①] 然此書祇是通論,對沈氏詩論或者格調説與神韻説及性靈説的論述均是點到即止而已。相對來説,另一日本學者鈴木虎雄(1878－1963)在1951年出版的一本專著,[②]則對格調、神韻與性靈有頗多獨到的見解。

1976年,臺灣的吴宏一從其博士論文《清代詩學研究》中抽出討論沈德潛的部分,以《沈德潛的格調説》為題,刊登於《幼獅月刊》第44卷第3期。[③] 此文的特點是立論較為清晰,且對沈德潛格調説的後繼者有所介紹。1978年,游國恩在其《居學偶記》之《沈氏德潛〈清詩别裁〉之謬妄》一文中指出沈德潛擅自篡改李來泰(仲

① 此書的中譯本亦有兩種。一為陳淑女翻譯的《清代文學評論史》,由臺灣開明書店於1969年出版;另一譯本由内地的楊鐵嬰所譯,於1988年由北京的中國社會科學出版社出版。

② 鈴木虎雄的這本專著(東京:弘文堂書房,昭和二十七年,1951)的中譯本有兩種,除了本篇所引用由洪順隆翻譯、臺灣商務書館於1972年出版的《中國詩論史》外,許總亦翻譯了此書,亦名為《中國詩論史》,由南寧的廣西人民出版社於1989年出版。

③ 吴宏一:《沈德潛的格調説》,《幼獅月刊》,1976年第44卷第3期,第87－92頁。

章,1624－1682)《荆公故宅》一詩,[①]因此而質疑其選詩標準。同年,香港的蘇文擢自資出版了《説詩晬語詮評》一書。此書廣徵博引,但對《説詩晬語》其中的詩學概念的關係脈絡以至於沈德潛的整個詩學體系卻未涉及。然而,此書充分突現詮評者在詩學上的卓識博學,對於研究《説詩晬語》者來説,確是難得的參考書。1981年臺灣的吴瑞泉以《沈德潛及其格調説》[②]為其碩士論文,該論文集中探討沈德潛的格調説,然未能窺及其詩學全豹。

20世紀80年代開始,内地學者開始重新研究沈德潛。其中1981年敏澤的《中國文學理論批評史》對沈德潛的"温柔敦厚"與"格調"均有所論述,然對於兩者之間的關係及淵源方面的探討並

① 見游國恩:《居學偶記》之《沈氏德潛〈清詩别裁〉之謬妄》,《文史》,1978年第5輯(12月),第129－130頁。李來泰原詩如下:"十年高臥此東峰,出處無端釁已叢。洛蜀黨成終誤國,熙豐法敝豈緣公。争墩已賦三山石,記里猶傳九曜宫。漫向春風尋舊澤,史書功過亦蒙蒙。"李氏《荆公故宅》一詩原收入《蓮龕集》,原詩對王安石抱有同情之意,旨在質疑史書之論。然而在沈德潛《清詩别裁集》卷三中的李來泰《荆公故宅》卻面目全非,與原意相去極遠。《清詩别裁集》中李來泰之《荆公故宅》詩如下:"十年高臥此東峰,出處無端釁已叢。洛蜀黨成疑誤國,熙豐法敝竟緣公。争墩已賦三山石,記里猶傳九曜宫。漫向春風尋舊澤,生平功過史書中。"見沈德潛選評:《清詩别裁集》(香港:中華書局,1977),卷三,第60頁。其實在《國朝詩别裁集序》中,沈德潛便説明:"此係增減第一次本也。初番刻本,校對欠精,錯誤良多,甚有評語移入他篇者……至南粤西江飜刻比初次刻本,錯字尤多,識者自能鑒識。"見沈德潛選評:《清詩别裁集》(香港:中華書局,1977),第2頁。沈氏又在凡例中羅列出錯别字,力求準確無誤,可見其選詩標準極其嚴謹。即使沈不滿李來泰對王安石的一生功績的肯定而篡改李來泰的《荆公故宅》,也不大可能,他大可不選此詩,或可選收抨擊王安石的詩作,犯不着在其選本中篡改此詩。

② 吴瑞泉:《沈德潛及其格調説》(臺北:東吴大學中國文學研究所碩士論文,1981)。

未深入。[1] 同年,《文學評論叢刊》第 9 輯有葉朗的《關於沈德潛詩論的兩個問題》,此文圍繞沈德潛與葉燮及王士禛的詩論作出比較分析,然其過於強烈的以社會主義的色彩作為批判沈德潛詩學的立論根據,則顯得實為政治審判多於純學術上的理性分析。[2] 更近乎漫罵叫囂以至於人身攻擊的是劉世南在 1983 年於《江西師院學報》發表的《沈德潛論》,此文從游國恩對沈德潛《清詩別裁集》中篡改李來泰一事而開始質疑其人格,進而以極為侮辱性的字眼貶抑沈德潛的創作及詩論,認為其創作與詩論均乃維護封建階級的利益而已。[3] 而在同年,臺灣學者張健所著的《明清文學批評》一書第 174 – 179 頁在論述沈德潛的詩學理論時更是非常簡略,不足以見沈氏詩學之大略。

相對來說,學者王英志於 1984 年在《文學評論叢刊》第 22 輯發表的《沈德潛詩論精義述要》一文,[4]已開始肯定沈德潛詩論中有可取之處,從沈德潛對其師葉燮的詩論的承傳出發,進而及於沈德潛本人的詩法剖析及溫柔敦厚與格調的討論,雖歸結於不能因人廢言,可始終又未脱明顯的政治審判。

較為正面肯定沈德潛詩論成就的是由周秦與范建明合撰並於

---

① 敏澤:《中國文學理論批評史》(北京:人民文學出版社,1981),下冊,第 904 – 913 頁。

② 葉朗:《關於沈德潛詩論的兩個問題》,《文學評論叢刊》,1981 年第 9 輯,第 34 – 50 頁。

③ 劉世南:《沈德潛論》,《江西師範學院學報(哲社版)》,1983 年第 2 期,第 34 – 42 頁。

④ 王英志:《沈德潛詩論精義述要》,《文學評論叢刊》,1984 年第 22 輯,第 339 – 366 頁。

1984 年發表於《學術月刊》的《沈德潛與葉燮》一文,該文探討了沈德潛對葉燮詩學的傳承,力證沈德潛並無違背葉燮詩論宗旨,這無疑是對葉朗一文的回應。[①] 同年,《文學遺産》第 2 期發表了廖仲安所撰的《沈德潛詩述評》,該文對沈德潛在詩作上的暴露時弊加以肯定,而對其温柔敦厚的筆法又不無鞭撻,然總的來説算是能以客觀理性的態度研究沈德潛的詩歌創作。[②]

1985 年李鋭清在《香港中文大學中國文化研究所學報》發表了《沈德潛"格調説"的來源及理論》一文,此文追溯沈德潛格調的淵源,然未能發現沈德潛在選本中實有格調之説,而對格調的分析亦僅止於沈德潛的詩論,亦不見任何有關於嚴羽及明代前、後七子在格調説上的影響的論述,乃此文的缺失所在。[③]

1986 年,臺灣的林秀蓉以《沈德潛及其弟子詩論之研究》為其哲學碩士論文,該論文述及沈德潛的詩論,再探討其弟子對其詩論的承傳,此中不無新意。然限於要兼顧沈氏弟子方面的詩論,則不免削弱了對沈氏本人詩論的深入探討。[④] 同年,系統化地對沈德潛詩論作探討的應是臺灣學者胡幼峰所著的《沈德潛詩論探研》。此書以沈德潛的論詩宗旨出發;分别將沈德潛的詩論列作詩體論、創作論及風格論三大章,論述相當詳細,且對沈德潛的生平有深入的

① 周秦、范建明:《沈德潛與葉燮》,《學術月刊》,1984 年第 6 期(6 月),第 79 – 81 頁。

② 廖仲安:《沈德潛詩述評》,《文學遺産》,1984 第 2 期,第 65 – 70 頁。

③ 李鋭清:《沈德潛"格調説"的來源及理論》,《香港中文大學中國文化研究所學報》,1985 年第 16 期,第 161 – 177 頁。

④ 林秀蓉:《沈德潛及其弟子詩論之研究》(高雄:高雄師範大學國文研究所哲學碩士論文,1986)。

考察,是當時研究沈德潛的較為深入的佳作。[①] 唯一可議的是,該書未能與沈德潛詩論相關的共時性詩論,即如王士禛的神韻説、袁枚的性靈説,以至於歷時性方面的嚴羽詩論及明代前、後七子的格調説一併作出探討。胡教授對沈德潛的研究鍥而不捨,在 1988 年又於《古典文學》第 10 集發表了《試論〈唐詩别裁集〉編選之得失》,[②]這應是對《沈德潛詩論探研》一書的補缺。

20 世紀 90 年代是沈德潛研究趨於嚴謹及以學術性為主導的年代。1990 年,吴宏一發表了《沈德潛〈説詩晬語〉研究》一文,先是對此書的版本作考究,然後追溯其理論淵源,再回到《説詩晬語》一書的理論論析。[③] 此文一如既往,具體清晰,是討論《説詩晬語》很好的參考資料。同樣以《説詩晬語》為研究的對象,朱自力的《説詩晬語論歷代詩》一書則從《説詩晬語》一書中抽出沈德潛有關歷代詩歌的評論,以朝代作區分,内再細分對不同的詩體的論述,後面有朱氏自己的解説。此書的好處在於令人對各朝代各詩體的評論一目瞭然,是研究《説詩晬語》者必備的參考書之一。[④]

1995 年由鄔國平與王鎮遠合撰的《清代文學批評史》一書有關沈德潛詩論的論述,較為突出的是探討了沈德潛"格調"與王士禛"神韻"的關係,[⑤]然亦未見深入。

① 胡氏曾於 1986 年將《沈德潛的"創作論"》分作上、下發表於《中外文學》,1986 年第 14 卷第 8 期與第 9 期。

② 胡幼峰:《試論〈唐詩别裁集〉編選之得失》,《古典文學》,1988 年第 10 集,第 327 – 358 頁。

③ 吴宏一:《沈德潛〈説詩晬語〉研究》,《編譯館館刊》,1990 年第 19 卷第 1 期,第 1 – 24 頁。

④ 朱自力:《説詩晬語論歷代詩》(臺北:里仁書局,1994)。

⑤ 鄔國平、王鎮遠合撰:《清代文學批評史》(上海:上海古籍出版社,1995),第 432 – 451 頁。

1996年,香港中文大學研究院中國語文及文學學部研究生譚卓培所撰的畢業論文《沈德潛宋金三家詩選研究》探討了沈德潛罕為人知的《宋金三家詩選》這一選本,這無疑是一有趣的研究角度。然而從沈德潛晚年的這一未完全評點完畢而本人即逝世的選本,既未能窺及沈德潛的詩論核心,而且"格調"與"詩教"之最高典範在沈氏詩論中乃唐詩或杜甫(子美,712－770)方為正宗,而譚氏在此卻以"言格調"與"倡詩教"作為考察其尚未完成的宋詩選本的基準,確實頗值得商榷。而且,譚氏在沈德潛詩論體系中"格調"與"詩教"這兩個繁複多義的詩學概念的淵源及沈氏本人在這兩個概念上的創變,並沒有作出深入的發掘與闡釋,便將之作為評詩基準,顯然不妥。

1997年有兩篇研究沈德潛的文章:一是吴兆路在《文學遺産》發表的《沈德潛"温柔敦厚"説新解》,另一篇乃霍有明收在《論唐詩繁榮與清詩演變》一書中的《論沈德潛的詩歌理論和創作》。前者肯定沈德潛"温柔敦厚"的詩論,而其選詩與評詩均不囿於温柔敦厚,並認為其創作與詩論均是對"儒家温柔敦厚詩教傳統的突破和發展";[①]後者則從沈德潛的詩論而論及其詩作。然兩者之間有何關聯並未述及,顯得頗為突兀。[②]

從1988年以來已有人觸及沈德潛的杜詩學。首先是許總在《明清杜詩學概觀》中述及,基於範圍廣泛,並未能對沈德潛的杜詩

① 吴兆路:《沈德潛"温柔敦厚"説新解》,《文學遺産》,1997年第4期,第90頁。

② 霍有明:《論沈德潛的詩歌理論和創作》,《論唐詩繁榮與清詩演變》(北京:中國社會科學出版社,1997),第179－190頁。

學有深入的探討。[①] 1994 年胡可先在《杜甫研究學刊》發表了《沈德潛杜詩學述略》一文,對杜詩學作為沈德潛詩學體系的重要組成部分作了充分的肯定。[②] 袁志彬在 1995 年的《杜甫研究學刊》的第 3 期及第 4 期分別發表了《沈德潛及其杜詩論(上)》及《沈德潛及其杜詩論(續)》兩文。這兩篇文章相當詳細地探討了沈德潛的評點杜詩,而卻認為沈德潛對唐詩作法的剖析乃為令讀者去再現唐代盛世的詩歌以滿足乾隆之見,則難以令人信服。強將沈德潛詩論判定為政治服務,乃袁氏這兩篇文章之不足。[③]

四、餘論

沈德潛之倡格調本為糾王士禛神韻說之偏。沈氏所標舉杜甫的"鯨魚碧海"與韓愈(退之,768 - 824)的"巨刃摩天"乃嚴羽所謂的"沈著痛快"一類,而王士禛的"不著一字,盡得風流"、"羚羊掛角,無跡可求"應屬"優遊不迫"一類。沈氏並沒有否定王氏之選,因覺有所不足,故而其《唐詩別裁集》乃在王氏"優遊不迫"的詩學基礎上加入復古詩派所追求的"沈著痛快"的唐音。其後,沈氏之同年袁枚的性靈說則又為抗衡格調說而崛起的另一大詩派。性靈說就形式而言,袁枚提出"巧"與"妙",即靈活風趣的藝術風格;就內容而言,著重"性情"與"靈機"。大體而言,就詩論來說,袁枚重

① 許總:《明清杜詩學概觀》,《文學遺產》,1988 年第 6 期,第 115 - 124 頁。

② 胡可先:《沈德潛杜詩學述略》,《杜甫研究學刊》,1994 年第 1 期,第 37 - 44 頁。

③ 袁志彬:《沈德潛及其杜詩論(上)》,《杜甫研究學刊》,1995 年第 3 期,第 44 - 53 頁;袁志彬:《沈德潛及其杜詩論(續)》,《杜甫研究學刊》,1995 年第 4 期,第 17 - 26 頁,轉第 44 頁。

天籟,沈德潛重人巧而不廢天籟;性靈説是袁枚詩論的核心,其實在沈德潛的詩學理論中亦佔有極重要的位置。這便是清初至清中葉的三大詩派的基本要素及其關係。

當沈德潛以詩學為世人所知開始,他便被視為明代格調派的傳承者。明代的格調詩學之代表人物乃李攀龍,而代表格調詩學理念的則具體落實在其《古今詩刪》中的《唐詩選》。故此,要研究沈德潛與明代復古詩派在詩學理念上的關係,可將沈德潛的《唐詩別裁集》與《古今詩刪》中的《唐詩選》作比較研究,便可具體呈現兩者之異同及傳承關係。① 具體而言,從明末刊刻而顯赫一時的作為明代復古詩派理論的具體實踐的《古今詩刪》中的《唐詩選》,回顧整個明代詩壇的思潮與論争的癥結所在,從而又為活躍於清初至清中葉的沈德潛的詩學理論對當時詩壇論争的針對性作具體的背景探索。繼而在探討明末以來至清代的沈德潛對明代復古詩派的復古文學史觀的討論,藉以突顯沈德潛作為清代格調派宗主對明代以前、後七子為首的格調派文學史觀的突破。而其中再就李攀龍的"唐無五言古詩,而有其古詩"的文學史觀及其所引起的論争為切入點,作為具體的論述焦點,這樣就更能清晰地體現沈氏的文學史觀。

明代前、後七子的復古,所追求的是獲取盛唐格調,這是就方法論上而言的。這樣纔有文學史上著名的李夢陽與何景明二人關於詩法之争,而沈德潛則在"意"與"法"之間突破了明代復古詩派的文學史觀及其在詩學方法論上的桎梏。沈德潛的詩學理論中

① 相關論述可參陳岸峰:《〈唐詩別裁集〉與〈古今詩刪〉中"唐詩選"的比較研究:論沈德潛對李攀龍詩學理念的傳承與批判》,《漢學研究》,2001 年第 2 期(12 月),第 399 – 416 頁。

"格調"與"温柔敦厚"這兩個重要而又彼此緊密聯繫的詩學概念，既是一種詩歌風格，亦是一種創作的方法論。格調的追求可追溯至沈氏對明代李東陽至前、後七子的"格調"説的傳承與突破。其突破處，一方面可見於他在"格調"這一詩學概念方面的翔實的論述，更可見於他著力於對王士禛的"神韻"説的糾偏，而袁枚指責沈氏"格調"為"空架子"[①]的攻擊亦可讓我們從另一角度透視沈氏對"格調"的理解。[②]

沈氏用以相輔並濟"格調"説的是回到傳統儒家詩觀的"温柔敦厚"。從清初至乾隆時代的文字獄、科舉要求、大吏對詩教和盛世之音的鼓吹以至於官方編修的種種選本所透露的對意識形態的控制的訊息，以探討官方意識形態對沈氏詩論的影響。由沈氏詩論與清廷意識形態之間的微妙關係的探索，所揭示的是詩學與權力之間的緊張關係。從詩論以至於評詩的整體檢索，我們更能明瞭沈氏詩論與意識形態之間的關係真相。我們亟於揭示的是，作為詩論而言，怎樣的作品纔符合"格調"的要求？"格調"有甚麼不同的類別？如何唱出盛世之音？如何作"鯨魚碧海"、"巨刃摩天"之音而不失"温柔敦厚"？怎樣纔是"温柔敦厚"？這些概念或早於復古詩派之前而出現，而在復古陣營中亦有不同的論爭，而及至沈德潛則又將這些詩學概念或重新定位，或並舉以作補充，從而形成

① 袁枚著、顧學頡校點:《隨園詩話》(北京:人民文學出版社,1998),上冊,卷一,第2條,第2頁。

② 明代復古詩派的格調理想,其中亦蘊含對盛唐詩的恢弘格局與音韻鏗鏘的追求,乃彼等從文學復興而達至政治中興的期盼。相關論述可參陳岸峰:《格調的追求:論沈德潛對明清詩學的傳承與突破》,《漢學研究》,2006年第2期(12月),第225-254頁。

自己的一套詩學體系。①

從李攀龍所編選的《古今詩删》中《唐詩選》在明末至清中葉前備受争論的情況,作為考察明末至清中葉前詩壇概況的途徑,這有助於在瞭解沈德潛所編選的六種選本所面向的詩壇困境,透過他在選録詩人的取捨上,收録詩作的數量、作品體裁上的比重,以及對詩人、具體作品的批評以至於對歷代詩歌的評價,再透過相關選本的比較,這樣便能突顯沈氏選本的獨特性,以及選本所體現的詩觀與理論層面之間所引發的張力。這樣由理論的理解與闡釋進而論述具體的批評,由理論到實踐,我們便更能全面地理解沈氏對明末以來詩壇問題的回應。②

以上的研究,乃就沈德潛所面對的詩學問題及其回應而作的具體化的論述。而從沈德潛的個案研究,進而輻射到明、清詩學,擴而廣之即俯瞰了整個中國詩學的問題。此乃筆者自 20 世紀 90 年代以來研究沈德潛詩學體系的方法及心得,在此抛磚引玉,以俟來者。

---

① 相關論述可參陳岸峰:《詩學與政治的張力:論沈德潛詩論的"温柔敦厚"》,《九州學林》,2007 年(冬季),第 35 – 61 頁。

② 相關論述可參陳岸峰:《别裁偽體歸雅正:論沈德潛編選的六種選本》,《九州學林》,2005 年第 1 期(春季),第 276 – 315 頁。

第二章 格調的追求:沈德潛對明清詩學的傳承與突破

一、前言

一般文學批評史均認為清代的沈德潛遠承明代的前、後七子而成清代格調說的宗師。① 事實上,沈德潛的論詩專著《説詩晬語》中並没有"格調"一詞,但在其詩選的評點中卻有三次將"格調"並提。② 當然,沈德潛之詩學確乃源自前、後七子,在格調説上亦自是一脈相連。然而,格調派在文學批評史上所得到的評價大都是負

① 李鋭清指出最早稱沈德潛為格調派的人是袁枚。見李鋭清:《沈德潛"格調説"的來源及理論》,《香港中文大學中國文化研究所學報》,1985 年第 16 期,第 166 頁。

② 例如,評李白《宣州謝朓樓餞別校書叔雲》中旁批:"此種格調,太白從心化出。"見沈德潛選評:《唐詩別裁集》(香港:中華書局,1977),卷六,第 92 頁;評李攀龍《和許殿卿春日梁園即事》時批:"三句一韻,末三句纏聯而下,格調甚新。"見沈德潛選評:《明詩別裁集》(香港:中華書局,1977),卷八,第 85 頁;評繆沅《房中詩》時批:"語語用韻,兩韻一轉,格調得自嘉州。"見沈德潛選評:《清詩別裁集》(香港:中華書局,1977),卷二二,第 385 頁。

面消極的。有論者指出整個明代詩歌作品中體現創造性自我的才情總是窒息與毀滅在擬古格調的禁錮之中。[①] 在此,“格調”等同於“擬古”,與“創造”是相對立的。至於沈德潛的詩學,則又被論者批評為“束縛作家創作的落後的文學主張”、“把詩的意境和風格限制得十分狹窄”,是“束縛作者思想才智的一付鐐銬”、“宣揚封建詩學的復古主義和教條主義的”;[②]甚至有“道學的色彩”[③]之評。劉若愚則指出“格調”有“韻律規則”的意思。[④] 20 世紀 90 年代,由袁震宇、劉明今所撰寫的《明代文學批評史》指出“格調”可分為兩類,其一是外在形式的體裁、句法、音韻、聲律等問題;其二是指向形容詩歌內在的氣度、意蘊。[⑤] 然而在論述前、後七子的文學主張時,卻不見對“格調”有更深入而全面的探討。綜觀上述對明代以前、後七子為首的復古詩派的格調説以至於清代沈德潛的格調説的論述,無論是從褊狹的政治立場而發的抨擊,還是因襲前人的偏見與片言隻字,均無足於認識由明中葉至清初、風靡兩朝詩壇的格調説。

究竟沈德潛是怎樣理解“格”與“調”的呢?兩者之間又是怎樣的關係呢?沈氏的格調説與明代格調説在內涵及性質上有何不同?具體而言,沈德潛在“格調”説上有何突破?沈德潛又是

① 沈檢江:《明詩擬古主潮:格調禁錮下才情的毀滅》,《學習與探索》,1995 年第 1 期,第 114 頁。

② 葉朗:《關於沈德潛詩論的兩個問題》,《文學評論叢刊》,1981 年第 9 輯,第 35－42 頁。

③ 龔顯宗:《歷朝詩話析探》(高雄:復文圖書出版社,1990),第 157 頁。

④ 劉若愚著、杜國清譯:《中國文學理論》(臺北:聯經出版事業公司,1981),第 188 頁。

⑤ 見袁震宇、劉明今:《緒論》,《明代文學批評史》(上海:上海古籍出版社,1991),第 18－19 頁。

如何處理"格調"、"神韻"與"性靈"三者之間的關係的呢?以下將先著手檢溯格調説從明代李東陽(賓之,1447－1516)至前、後七子再下及清代沈德潛的演化過程,然後再重點闡述沈德潛如何在明代以來的格調説的基礎上作出傳承與突破,又是如何轉化性靈、會通神韻,以建構其集大成的詩學的。

二、格調説淵源述略

文學批評史上對"格調"的淵源皆有不同的見解。郭紹虞(1893－1984)與袁行霈等人均認為源於南宋嚴羽的《滄浪詩話》,[1]而蕭華榮則認為格調説的真正奠立者要歸功於明代的李東陽。[2] 若説"格調"源於嚴羽的詩論,那亦祇是詩學思想上宗法漢、魏、晉、盛唐之説的影響而已,而最早提出格調一詞者既非南宋的嚴羽,亦非明代的李東陽。在詩學上具有與"格調"同樣相近的概念,最早可追溯至盛唐詩人王昌齡(少伯,698－約756),在傳為其所作的《詩格》中便有:

> 凡作詩之體,意是格,聲是律。意高則格高,聲辨則律清,格律全,然後始有調。[3]

① 郭紹虞:《中國文學批評史》(上海:上海古籍出版社,1988),第541－542頁;袁行霈、孟二冬、丁放:《中國詩學通論》(合肥:安徽教育出版社,1994),第943頁。

② 蕭華榮:《中國詩學思想史》(上海:華東師範大學出版社,1996),第240頁。

③ 見陳良運等主編:《中國歷代詩學論著選》(南昌:百花洲文藝出版社,1995),第231頁。

"意"亦即思想內容,即王氏所謂的"格",而"聲"便是形式結構的"律",合稱為"格律"。值得注意的是,王氏說"格律全,然後始有調",即是說"調"之優劣與否乃奠基在格律是否配稱得當的條件上。殷璠(生卒年不詳)在其詩選《河岳英靈集敘》中亦有:"貞觀末,標格漸高。景雲中,頗通遠調。"①而在論儲光羲(約706－約763)詩時便有"格高調逸"②之評。僧皎然(生卒年不詳)在其《詩式》中亦評謝靈運(385－433)之詩為"格高"、"調逸"。③"格高"、"調逸"均為殷璠與皎然共同提出的詩學理念,似是當時較為常見的批評術語。及至南宋,劉克莊(潛夫,1187－1269)在其《江西詩派小序》中說:"國初詩人如潘閬、魏野,規規晚唐格調,寸步不敢走作。"而後來黃庭堅(魯直,1045－1105)時卻獨能"會萃百家句律之長,窮極歷代體制之變"、"自成一家"。④這跟後來明代前、後七子所追求的"盛唐格調"的詩學理念極為接近。然而在劉克莊整篇《江西詩派小序》中,祇有此處提及"格調",且亦未有任何深入的闡釋,可見劉氏並非如後世詩學批評家般有意識地以"格調"作為詩學概念。

真正將"格調"作為詩學理念並給予具體闡釋的,乃明代的李東陽。李東陽何以倡格調呢?《四庫全書總目》有以下的一段文字:

---

① 見陳良運等主編:《中國歷代詩學論著選》(南昌:百花洲文藝出版社,1995),第257頁。

② 見陳良運等主編:《中國歷代詩學論著選》(南昌:百花洲文藝出版社,1995),第260頁。

③ 皎然著、周維德校注:《詩式校注》(杭州:浙江古籍出版社,1993),卷一,第16條,第17頁。

④ 丁福保編:《歷代詩話續編》(北京:中華書局,1983),上冊,第487頁。

李、何未出以前，東陽實以臺閣耆宿，主持文柄，其論詩主於法度音調，而極論剽竊摹擬之非，當時奉以為宗。至何、李既出，始變其體，然贗古之病，適中其所詆訶，故後人多抑彼而伸此。①

由此可見前七子中的李夢陽（獻吉，1472－1530）、何景明（仲默，1483－1521）與李東陽在詩論上的傳承關係及彼等對李氏格調說之衍變所在，亦明確地指出了李、何之為人所詬病處，正是其師李東陽昔日所抨擊別人的"贗古"。究竟李、何是不是一味以"贗古"為尚？彼等的"復古"是不是就等同於"贗古"或"摹擬"？彼等以格調作為復古的理想的背後動機何在？

關於以上的連串疑問，我們可先從以下的一段文字開始進入探索。《明史》中有如下記載：

弘治時，宰相李東陽主文柄，天下翕然宗之，夢陽獨譏其萎弱。②

李東陽乃李夢陽的老師，何以他竟然"獨譏"其師的"萎弱"呢？這與他及前七子的復古詩學理念的產生究竟有何關係呢？在當時，在李東陽為首的"茶陵詩派"之外，還有以陳獻章（公甫，1428－

① 永瑢等撰：《四庫全書總目》（北京：中華書局，1987），下冊，卷一九六，第1792頁上。

② 張廷玉等撰：《明史》（北京：中華書局，1974），第24冊，卷二八六，第7348頁。

1500)與莊昶(孔暘,1437－1499)為代表的"性氣詩派"。[1] 楊慎(用修,1488－1559)曾指出：

> 弘治間,文明中天,古學焕日。藝苑則李懷麓、張滄洲為赤幟,而和之者多失於流易。山林則陳白沙、莊定山稱白眉,而識者皆以為傍門。至李、何二子一出,變而學杜,壯乎偉矣。[2]

楊慎在此勾勒出當時幾個詩派的關係,即是以李東陽為首的"茶陵詩派"乃佔詩壇的主導地位,但末流則"失於流易";相對來説,"性氣詩派"在其眼中則乃"傍門"而已;而以李夢陽與何景明為首的前七子,便是在這樣情況底下於詩壇崛起,彼等以學杜詩而自成一派,故而獲楊慎"壯乎偉矣"之讚嘆。然而,李夢陽對於"茶陵詩派"與"性氣詩派"這兩個在當時具有極大影響力的詩派均表達了極大的不滿,在《缶音序》中,他這樣指斥"性氣詩":

> 今人有作性氣詩,輒自賢於"穿花蛺蝶、點水蜻蜓"等句,此何異於癡人前説夢也。[3]

① 陳獻章與莊昶為首的"性氣詩派"乃茶陵派外,復古詩派當時所要抗衡的一派。彼等推崇宋代邵雍《伊川擊壤集》,寫詩多以性理為宗,"詩風流易,且多有俚詞鄙語",與重"情"、重"興象"的復古派有很大的衝突。見陳書録:《明代前後七子研究》(南昌:江西人民出版社,1994),第9頁;另可參袁震宇、劉明今:《明代文學批評史》(上海:上海古籍出版社,1991),第74－77頁。

② 楊慎著、楊文生校箋:《楊慎詩話校箋》(成都:四川人民出版社,1990),卷四,第100－101頁。

③ 李夢陽:《缶音序》,《空同集》(上海:上海古籍出版社,1991),卷五二,第477－478頁。

然而,以李夢陽為首的前七子所面向的最大挑戰對象顯然是身居要位的李東陽及其所領導的"茶陵派"。[1]《明史》記:

> 劉瑾入司禮,東陽與健、遷即日辭位。中旨去健、遷……惟東陽少緩,故獨留。……東陽悒悒不得志,亦委蛇避禍。[2]

縱使在其間李東陽亦嘗救過不少人,然而其懦弱的作風已大失天下人所望,甚至有門生上書:"勸其早退,至請削門生籍。"[3]李東陽在政治上的懦弱亦必令在政治上以鯁直著稱的李夢陽大失所望。[4]李夢陽在《朝正倡和詩跋》中有如下滿帶慨嘆之說:

> 詩倡和莫盛於弘治,蓋其時古學漸興……自正德丁卯之變,縉紳罹慘毒之禍,於是士始皆以言為諱……而前諸倡和者,亦各飄然萍散矣。[5]

在《凌溪先生墓誌銘》中,李夢陽指出顧璘(華玉,1476－1545)、劉

① 關於前七子與李東陽及茶陵派的關係,廖可斌分別從政治及文學對他們的關係作出釐析。詳見廖可斌:《復古派與明代文學思潮》(臺北:文津出版社,1994),上冊,第147頁。

② 張廷玉等撰:《明史》(北京:中華書局,1974),卷一八一,第4822頁。

③ 張廷玉等撰:《明史》(北京:中華書局,1974),卷一八一,第4823頁。

④ 李夢陽在政治上先是因得罪國舅張鶴齡而下獄,及後又因謀替尚書韓文草奏摺劾劉瑾而幾遭殺身之禍。由此二例可見他的政治立場與李東陽是截然不同的。詳見張廷玉等撰:《明史》(北京:中華書局,1974),卷二八六,第7346－7348頁。

⑤ 見李夢陽:《空同集》(上海:上海古籍出版社,1991),卷五九,第543－544頁。

驎(元瑞,1474－1561)、徐禎卿以及朱應登這些名士因為在文學上的"篤古"而遭執政者之壓抑。新晉的文學士眼見"柄文者"承襲常方,工雕浮靡麗之詞,取媚於時眼,而嘲之曰"賣平天冠者";而"柄文者"的回應則是令凡號稱文學士者不獲列於清銜。① 在劉瑾(1451－1510)未掌權前的正德元年(1506),李夢陽所寫的一首詩中則極為推崇李東陽在文學上的扭轉臺閣體萎靡詩風之功,②然而李東陽在政治上委蛇依附劉瑾,導致了李夢陽對他的態度有所轉變。事實上,李東陽的一連串舉措均令人相當困惑,甚至不滿。例如,當李夢陽在上疏彈劾劉瑾而被下獄行將處決之際,亦不見作為老師的李東陽的營救。而當鏟除劉瑾及其黨羽後,李東陽竟又將曾向劉瑾求免李夢陽一死的前七子中的康海(德涵,1475－1540)免官,罪名是坐與劉瑾同鄉。坐同鄉之罪何異於"莫須有"！關於康海之被李東陽罷免,李贄(宏甫,1527－1602)認為是出於以李東陽為首的閣臣不滿康海在史館中對閣臣文章的不敬而藉故將他鏟除。③ 這是極有可能的,李夢陽便曾道出閣臣對復古派中人的不滿。④ 由此可見,從政治而及於文學上,李夢陽與康海及復古詩派

① 見李夢陽:《空同集》(上海:上海古籍出版社,1991),卷四七,第429頁。清人陳田(崧山,1850－1922)認為指的是李東陽,其實應該是指以李東陽為首的閣臣。見陳田:《明詩紀事》(上海:上海古籍出版社,1993),第2冊,丁籤卷一,第1136頁。

② 一般論述均認為李東陽在糾"臺閣體"的流弊上未竟全功。見周寅賓:《前言》,李東陽著、周寅賓點校:《李東陽集》(長沙:岳麓書社,1983),第1卷,第7頁。

③ 見李贄:《修撰康公海》,《續藏書》(臺北:學生書局,1986),卷二六,第500頁。

④ 李夢陽:《論學(下篇第六)》,《空同集》(上海:上海古籍出版社,1991),卷六六,第605頁。

中人與李東陽的衝突是非常明顯的。在李、何等人眼中,李東陽的"萎弱"不僅是文學上的,甚至是政治上、人格上的。李、何等人在政治上的失路已無可挽救,然而取代彼等眼中"萎弱"的李東陽及其在文壇上的地位則是可期的,①故而倡言:"文必秦漢,詩必盛唐。"②而"格調說"即為彼等顛覆"萎弱"的李東陽的切入點。

在梳理了格調說在明代出現的背景後,以下具體探討的是李東陽、復古詩派對格調說的不同表述,然後再下及論述沈德潛對明代格調說的傳承與突破。

三、格調與詩歌中"樂"的關係

在《懷麓堂詩話》中,李東陽說:

> 詩必有具眼,亦必有具耳。眼主格,耳主聲。聞琴斷,知為第幾弦,此具耳也;月下隔窗辨五色綫,此具眼也。費侍郎廷言嘗問作詩,予曰:"試取所未見詩,即能識其時代格調,十不失一,乃為有得。"③

① 相關論述可參閱陳書録:《明代前後七子研究》(南昌:江西人民出版社,1994),第6-8頁;馬茂元:《晚照樓論文集》(上海:上海古籍出版社,1981),第198頁。

② 見張廷玉等撰:《明史》(北京:中華書局,1974),卷二八六,第7348頁。李夢陽曾說:"西京之後,作者勿聞矣。"見李夢陽:《空同集》(上海:上海古籍出版社,1991),卷六六,第602頁。何景明在《海叟詩序》中亦說:"學歌行近體,有取於二家(李白、杜甫),旁及初盛唐諸人,而古作者必從漢、魏求之。"見蔡景康編選:《明代文論選》(北京:人民文學出版社,1993),第117頁。

③ 見丁福保編:《歷代詩話續編》(北京:中華書局,1983),下冊,第1370頁。

這是從感官方面而言"格調","眼主格,耳主聲",即是從視覺與聽覺而論格調的。從其象喻中,我們更清楚地知道,從聽覺辨別音調要能知琴斷為第幾弦,從視覺方面而言,要能在相當局限的距離及光綫底下("月下隔窗")而能辨五色綫,纔能達到李氏所稱的"具耳"與"具眼"的鑒識能力。從詩學方面而言,具耳者能辨詩的音調,而具眼者能辨詩的結構與脈絡。具備眼、耳兩方面的高條件者方能準確地辨別詩歌的時代格調,方為識詩之人。至於所謂的"時代格調",即是説每個時代都有不同的"格調",然而李氏並没有區分"時代格調"的高下。

李氏又以《詩經》論詩歌中"樂"的成分的重要性:

> 詩在六經中別是一教,蓋六藝中之樂也。樂始於詩,終於律,人聲和則樂聲和。又取其聲之和者,以陶寫情性,感發志意,動蕩血脈,流通精神,有至於手舞足蹈而不自覺者。後世詩與樂判而為二,雖有格律,而無音韻,是不過為排偶之文而已。使徒以文而已也,則古之教,何必以詩律為哉?①

這是説,《詩經》在"六經"中的獨特之處,正在其具備音樂的元素;而詩正須具備音樂性這種特質方能稱為詩,這亦是詩與文的分別所在。在李氏眼中,有格律而無音韻的詩,衹不過是"排偶之文而已"。

由此可見,"樂"在李氏詩學中的重要性。由於對詩歌音樂成分的重視,故李氏在詩歌創作上,對聲韻是有所選擇的,衹取"聲之

① 見丁福保編:《歷代詩話續編》(北京:中華書局,1983),下冊,第1369頁。

和者”入詩。假如衹取“聲之和者”,即衹限於和平之音,那又何異於臺閣體的一味歌詠昇平呢?而李東陽之衹取“聲之和者”入詩這一點就正是前、後七子不滿李東陽之所在,容後再論。李東陽更在五聲中分辨優劣,他說:

詩有五聲,全備者少,惟得宫聲者為最優,蓋可以兼衆聲也。李太白、杜子美之詩為宫,韓退之之詩為角,以此例之,雖百家可知也。①

五聲中宫聲最佳,而李白(太白,701－762)與杜甫的詩便是宫聲的表現。而由聲調中,則可見時代格調:

今之歌詩者,其聲調有輕重清濁長短高下緩急之異,聽之者不問而知其為吴為越也。漢以上古詩弗論,所謂律者,非獨字數之同,而凡聲之平仄,亦無不同也。然其調之為唐為宋為元者,亦較然明甚。此故何耶?大匠能與人以規矩,不能使人巧。律者,規矩之謂,而其為調則有巧存焉。苟非心領神會,自有所得,雖日提耳而教之無益也。②

李東陽在這裏“歌詩”並舉,可見其格調説具有可歌唱的含意。而調的不同,又可辨其地域之所在。除了漢以上的古詩,由律詩的聲調即可辨其時代格調。另一方面,聲韻可辨時代格調,就在於嚴辨

① 見丁福保編:《歷代詩話續編》(北京:中華書局,1983),下冊,第1373頁。

② 見丁福保編:《歷代詩話續編》(北京:中華書局,1983),下冊,第1379頁。

詩體，李東陽認為：

> 古詩與律不同體，必各用其體乃為合格。然律猶可間出古意，古不可涉律。①

他又如此論及音響與格調的關係：

> 長篇中須有節奏，有操，有縱，有正，有變。若平鋪穩布，雖多無益。唐詩類有委曲可喜之處，惟杜子美頓挫起伏，變化不測，可駭可愕，蓋其音響與格律正相稱。回視諸作，皆在下風。然學者不先得唐調，未可遽為杜學也。②

李氏指出杜詩長篇之高在於"音響與格律正相稱"，亦即是說，不同的詩體有不同的音響與之相配稱，衹有配稱得當，方為格調之正宗。李氏指出，在唐詩中以杜詩之格調為最高，其他諸作皆不及。然而，若要學得杜詩的格調，卻必先從其他唐調著手。由此可見，杜詩乃最先被李東陽奉為格調說的典範，從而杜詩亦成為後來前、後七子以至於沈德潛等格調派所推崇的摹倣對象，而有關杜詩的討論亦構成明、清詩學理論的重要組成部分。③

---

① 見丁福保編：《歷代詩話續編》（北京：中華書局，1983），下冊，第 1369 頁。

② 見丁福保編：《歷代詩話續編》（北京：中華書局，1983），下冊，第 1373 頁。

③ 許總指出："由'格調'出發推尊杜詩中聲調之高昂與音節之變化進而以'法'為中心力圖探求，概括其規則所在，也是明清杜詩學的重要特點之一。"見許總：《明清杜詩學概觀》，《文學遺產》，1988 年第 6 期，第 117 頁。

同樣，前七子領袖李夢陽論詩亦重歌者心暢，聽者動容，他說：

> 詩至唐，古調亡矣，然自有唐調可歌詠，高者猶足被管弦。宋人主理而不主調，於是唐調亦亡。黃、陳師法杜甫，號大家。今其詞艱澀，不香色流動。……夫詩，比興錯雜，假物以神變者也，難言不測之妙。①

李夢陽認為，詩歌發展至唐代，古調雖亡，然仍有唐調，可歌詠，可被諸管樂。然而他所謂的調已不同於李東陽講求的宮聲，而是直斥宋詩之弊，並相對地突出唐詩的音樂性成分。雖然李夢陽與李東陽兩人對詩的音樂性特質的肯定是一致的，而李夢陽則更是從詩的音樂性著眼而區分唐、宋調。在李夢陽來說，唐詩"可歌詠"、"高者猶足被管弦"，而可被於管弦的詩有如下特徵：

> 感觸突發，流動情思，故其氣柔厚，其聲悠揚，其言切而不迫，故歌之心暢，而聞之者動也。②

這便是李夢陽對格調說寄予的詩歌理想。這樣的詩歌可以說是抒情傳統的發揮。他強調比、興的技巧作為與江西詩派的主理不主調的區分。更為重要的是其"感觸突發，流動情思"的提出，強調情感必須是真摯的，亦祇有真摯的情感與流動的情思，故而方能達至

---

① 李夢陽：《缶音序》，《空同集》(上海：上海古籍出版社，1991)，卷五二，第 477 頁。

② 李夢陽：《缶音序》，《空同集》(上海：上海古籍出版社，1991)，卷五二，第 477 頁。

歌者心暢,聞者動容。[①] 而要使歌者與聽者均達至的抒情境界的詩歌乃“其氣柔厚,其聲悠揚,故言切而不迫”。在其眼中,宋代江西詩派的黃庭堅與陳師道(履常,1053－1102)師法杜甫的“理”(議論方面)而失其調(音樂性),故而“今其詞艱澀,不香色流動”,自然亦就不能被管弦或歌詠了。而主理與主調的分別亦可說是一重議論,一重抒情。在《潛虯山人記》中,他再次指出宋詩的不足:

> 夫詩有七難:格古,調逸,氣舒,句渾,音圓,思冲,情以發之。七者備而後詩昌也。然非色弗神,宋人遺茲矣。[②]

具備七種要素的詩當然是其眼中的盛唐詩。“格古”、“調逸”是詩七難之首,而“情”是作為啓動這七種標準而達至融會貫通的關鍵,這與上述“流動情思”之說是一致的。在其眼中,盛唐詩中七種要素兼備的典範,首推杜詩。

沈德潛亦從古詩、蘇李詩、《十九首》談起,指出創作者應有不能不抒發的情感方纔有真詩。他又以絶句為例,從聽者的角度對詩的聲調提出要求:

> 絶句,唐樂府也。篇止四語,而倚聲為歌,能使聽者低徊不倦。旗亭伎女,猶能賞之,非以揚音抗節有出於天籟者乎?

① 關於李夢陽的“情真”觀念的論述,可參侯毓信:《略論李夢陽的“情真”說》,《古代文學理論研究》,1985年第10輯(6月),第250－257頁;簡錦松:《論明代文學思潮中的學古與求真》,《古典文學》,1986年第8集,第313－356頁。

② 見李夢陽:《空同集》(上海:上海古籍出版社,1991),卷四八,第446頁。

著意求之,殊非宗旨。[①]

這是令聽者感覺悦耳的聲音,不限於李夢陽所指的文人學子,而是要求普羅大衆也能欣賞。由此可見,沈德潛要求詩歌的調要注意作者及聽者兩方面。作者必須情真,故"長言短歌,俱成絶調",而其調又必須"無急言竭論"、"使聽者油油善入,不知其然而然也"、"優柔善入"。[②] 要求悦耳,定必強調詩的音樂性,沈氏説:

> 詩三百篇,可以被諸管弦,皆古樂章也。漢時詩樂始分,乃立樂府。安世房中歌,係唐山夫人所製,而清調、平調、瑟調,皆其遺音,此"南"與"風"之變也。朝會道路所用,謂之鼓吹曲,軍中馬上所用,謂之横吹曲,此"雅"之變也。武帝以李延年為協律都尉,與司馬相如諸人略定律吕,作十九章之歌,以正月上辛用事,此"頌"之變也。漢以後因之,而節奏漸失。[③]

以上沈氏乃從詩歌演變史上從《詩經》至漢詩作具體分析,從而梳理出詩歌中"樂"的成分之消失。同樣,他又指出後七子領袖李攀龍之不諳聲律之變而強作摹擬。[④] 即是説,在摹擬之前應先深入認

① 見霍松林、杜維沫校注:《原詩·一瓢詩話·説詩晬語》(北京:人民文學出版社,1998),第219頁。

② 見霍松林、杜維沫校注:《原詩·一瓢詩話·説詩晬語》(北京:人民文學出版社,1998),第199、206頁。

③ 見霍松林、杜維沫校注:《原詩·一瓢詩話·説詩晬語》(北京:人民文學出版社,1998),第197-198頁。

④ 見霍松林、杜維沫校注:《原詩·一瓢詩話·説詩晬語》(北京:人民文學出版社,1998),第198頁。

識傳統及其演變,否則根本連皮相亦學不到,遑論復古！這一點正是復古詩派之要害,亦乃沈德潛之突破處。

除卻重視詩歌之音樂性,沈德潛論格調較諸李東陽與復古詩派更為深入具體之處,在於他從用韻、轉韻以至於聲韻與詩體的關係皆詳細述及：

轉韻初無定式,或二語一轉,或四語一轉,或連轉幾韻,或一韻疊下幾語。大約前則舒徐,後則一滚而出,欲急其節拍以為亂也。此亦天機自到,人工不能勉強。①

漢五言一韻到氐者多,而《青青河畔草》一章,一路換韻,聯折而下,節拍甚急;而"枯桑知天風"二語,忽用排偶承接,急者緩之,是神化不可到境界。②

沈德潛更深入探討調與不同詩體在創作中的關係：

歌行轉韻者,可以雜入律句,借轉韻以運動之,純綿裹針,軟中自有力也。一韻到底者,必須鏗金鏘石,一片宫商,稍混律句,便成弱調也。不轉韻者,李杜十之一二,李如《粉圖山水歌》,杜如《哀王孫》、《瘦馬行》類。韓昌黎十之八九。後歐、

① 見霍松林、杜維沫校注:《原詩 · 一瓢詩話 · 説詩晬語》(北京:人民文學出版社,1998),第209頁。

② 見霍松林、杜維沫校注:《原詩 · 一瓢詩話 · 説詩晬語》(北京:人民文學出版社,1998),第200頁。

蘇諸公皆以韓為宗。①

歌行的轉韻與一韻到底有所不同。轉韻的可雜入律句,韻是貫通全篇的元素,而一韻到底的必須音節響亮,混入律句,反降其調。因而沈德潛指出:

> 血脈動蕩,首尾渾成。後人祇於全篇中争一聯警拔,取青妃白,有句無章,所以去古日遠。②

他又這樣具體地從詩歌創作中論及"格"與"調"的配合。他以歌行為例,認為起步宜高唱,"以下隨手波折,隨步换形",收結處須:

> 紆徐而來者,防其平衍,須作斗健語以止之;一往峭折者,防其氣促,不妨作悠揚曳語以送之。不可以一格論。③

這樣具體深入探討格與調之間在詩歌創作中的關係,並拓闊這一詩學概念的内涵,乃沈德潛對明代復古詩派格調説之拘於"摹擬"框框的其中一項突破。而其洞悉詩史之演變,並能通達地看待詩學間題,更是高舉"詩必盛唐"的前、後七子畢生所未能達至的境界。

---

① 見霍松林、杜維沫校注:《原詩 · 一瓢詩話 · 説詩晬語》(北京:人民文學出版社,1998),第 211 頁。

② 見霍松林、杜維沫校注:《原詩 · 一瓢詩話 · 説詩晬語》(北京:人民文學出版社,1998),第 216 頁。

③ 見霍松林、杜維沫校注:《原詩 · 一瓢詩話 · 説詩晬語》(北京:人民文學出版社,1998),第 208 – 209 頁。

四、詩法之争及其突破

1. 李東陽的詩法

李東陽之所以提出"格調"説，是有感於當時詩壇因摹擬古人而失去創造活力的衰頽現象，他説：

> 今泥古詩之成聲，平側短長，句句字字，摹倣而不敢失，非惟格調有限，亦無以發人之情性。①

他又具體地抨擊明初詩壇中人林鴻（子羽，生卒年不詳）《鳴盛集》的專學唐與袁凱（景文，生卒年不詳）《在野集》的專學杜的摹擬現象。② 林鴻與袁凱在明初皆享負盛名，名家尚且如此，其他詩人之作的水準更是可想而知的了。可見明初摹擬之風的熾盛，正是李東陽所欲糾正之所在。在《鏡川先生詩集序》中，他再次指出當時詩壇的流弊止於摹倣古人，就連學兩漢詩亦不復得見，更嚴重的是時人循規逐矩，尺寸古人，失去創作者的個人面目，"縱使似之，亦不足貴矣"③。為此，他提出如下的補救方法：

> 作詩不可以意徇辭，而須以辭達意。辭能達意，可歌可

① 見丁福保編：《歷代詩話續編》（北京：中華書局，1983），下册，第 1370 頁。

② 見丁福保編：《歷代詩話續編》（北京：中華書局，1983），下册，第 1374 頁。

③ 見蔡景康編選：《明代文論選》（北京：人民文學出版社，1993），第 87 頁。

詠,則可以傳。①

亦即是說,意在辭先,辭是傳情達意的工具,不可因襲古人字句而矜能,最主要的應是有個人的情感在其中,而又可歌可詠,必可傳之久遠。在《懷麓堂詩話》中,他再論時隨世易,今人不可肖似古人,亦絕不可能肖似古人。在此,李氏可謂指出了詩歌復古的困難。因為地域所限而產生"音殊調別"的先天限制,後人又怎能超越時代、土壤而達至詩歌上的"復古"呢? 而且,尺寸摹擬古詩,不但局限了詩的"格調"範圍,亦不能自然地發揮個人的性情。② 由此可知,對李東陽來說,格調與摹擬是對立的,摹擬對格調來說是一種桎梏,其格調說是為糾正當時陷於摹擬剽竊的詩壇而提出的一套具體而富創造性的詩學方法。

然而,以李夢陽與何景明為首的前七子卻是以復古為己任,復古在他們而言不止於詩歌,而是冀望藉文學之復古而達至政治上的回歸秦漢、盛唐之盛世。③ 亦因此故,他們所倡的格調說與詩學方法論當然與李東陽大異其趣了。

2. 李、何的詩法之争

李夢陽與何景明兩人的詩法之争的焦點即在於"摹擬"的"規

① 見丁福保編:《歷代詩話續編》(北京:中華書局,1983),下册,第 1373 頁。

② 見丁福保編:《歷代詩話續編》(北京:中華書局,1983),下册,第 1383 頁。

③ 有關前七子的復古理念與政治之間的關係的論述,可參簡錦松:《明代文學批評研究》(臺北:學生書局,1989),第 19 – 84 頁。

矩”。杜詩在李夢陽以及復古詩派來説，都是詩歌的極則與摹擬的理想對象，然而何景明卻有截然不同的見解，在其《明月篇序》中，何氏這樣指出杜詩的不足：

> 僕始讀杜子七言詩歌，愛其陳事切實，布辭沉著。鄙心竊傚之，以為長篇聖於子美矣。既而，讀漢魏以來歌詩及唐初四子者之所為，而反復之，則知漢魏固承三百篇之後，流風猶可徵焉。而四子者雖工富麗，去古遠甚，至其音節，往往可歌。乃知子美辭固沉著，而調失流轉；雖成一家語，實則詩歌之變體也。[①]

何氏所重的亦是詩歌的音調，他認為四子[初唐四傑：王勃（子安，649？-676）、楊炯（650-693？）、盧照鄰（升之，637？-689？）、駱賓王（觀光，640？-684？）]之詩在格方面雖與古詩相去甚遠，然往往仍可以歌詠；杜詩在辭方面雖近古詩之沉著，然而“調失流轉”，即詩歌音節不能抑揚合度，故而未能如四子的詩歌般可以歌唱。這與李東陽之以杜詩為五聲中之宮聲的觀點是截然不同的。由此可見，在“格”與“調”之間，何氏顯然較重詩的“調”方面。明白這一點，我們便可理解何以李夢陽指斥何氏詩中有“俊語亮節”[②]之偏，因為何氏所偏重的是古人詩歌中之“調”，因此他未若李氏般重

---

① 何景明著、李淑毅等點校：《何大復集》（鄭州：中州古籍出版社，1989），第210頁。

② 李夢陽：《駁何氏論文書》，見郭紹虞編：《中國歷代文論選》（上海：上海古籍出版社，1990），第3冊，第48頁。

摹擬古詩之“格”；[1]而亦因此故，李氏纔指斥他歪離古人詩歌法則而急於自成一家，而他則譏諷李氏之作“高者不能外前人”[2]。這樣的區分並非是李、何二人的原來主張，祇是兩人相互比較之下所出現的各有所側重而已。其實李氏在理論上是“格”、“調”並重，他重視詩歌中的音樂成分，認為詩歌中可被諸管樂的“調”是唐、宋詩之別。然而，何景明卻暗譏其詩往往予人“殺直”[3]的感覺。

李氏強調的是詩歌創作的法則盡在古人，古人的創作法則如“物之自則”，故而說：“今人法式古人，非法式古人也，實物之自則也。”[4]而何氏則主張“達岸則捨筏”[5]。他們均同意先摹擬古人，因而必有一套“規矩”以達格調。何景明在《與李空同論詩書》中指出兩人在摹擬古人方面的不同，他說：

> 追昔為詩，空同子刻意古範，鑄形宿模，而獨守尺寸。僕

---

① 關於明人在“格”與“調”上的取向，可參蕭華榮：《中國詩學思想史》（上海：華東師範大學出版社，1996），第 238 – 239 頁。其實，宋人之所以“主理不主調”而造成宋詩生澀而不滑熟的藝術特色，除了與宋代理學的盛行有關外，另一方面則是為了突破唐人的藝術成就而別創一格。

② 見郭紹虞編：《中國歷代文論選》（上海：上海古籍出版社，1990），第 3 冊，第 38 頁。

③ 何景明：《與李空同論詩書》，見郭紹虞編：《中國歷代文論選》（上海：上海古籍出版社，1990），第 3 冊，第 37 頁。

④ 李夢陽：《答周子書》，見郭紹虞編：《中國歷代文論選》（上海：上海古籍出版社，1990），第 3 冊，第 52 頁。

⑤ 何景明：《與李空同論詩書》，見郭紹虞編：《中國歷代文論選》（上海：上海古籍出版社，1990），第 3 冊，第 38 頁。

則欲富於材積，領會神情，臨景構結，不倣形跡。①

何氏指出，李氏太著意於尺寸不偏地摹擬古人，即是説李氏是在一固定的規矩下摹擬古人，因而譏評他的詩歌："高者不能外前人也，下焉者已踐近代矣。"②在同一信中何氏又説："今僕詩不免元習，而空同近作，間入於宋。"③這對於以盛唐格調為創作的追求目標的李夢陽來説，實乃極大的侮辱；而何氏自己則希望憑積學、因應不同情事而"構結"，即靈活地因情而格生，尤其重要的是領會古人的神情，不著一絲古人的形跡，進而"捨筏登岸"，自成一家。故此，古人作品對於何氏來説，衹是一套學習的範本，到達詩學的彼岸即可放棄，而且必定要放棄對古人的摹擬，否則終生便無著陸之地。其實，從"摹擬"古人而獲一席之地本應是復古詩派中人共同追求的理想，能入能出方纔是復古的終極理想。李夢陽是這樣理解由摹擬而至於自成一家的：

守之不易，久而推移，因質順勢，融熔而不自知。於是為

① 何景明：《與李空同論詩書》，見郭紹虞編：《中國歷代文論選》（上海：上海古籍出版社，1990），第3冊，第37頁。前七子中的徐禎卿亦有近似的論點，在其《談藝録》中，他説："夫情既異其形，故辭當因其勢。譬如寫物繪色，倩盼各以其狀；隨規逐矩，圓方巧獲其則。此乃因情立格，持守圜環之大略也。"見陳良運等主編：《中國歷代詩學論著選》（南昌：百花洲文藝出版社，1995），第659頁。

② 見郭紹虞編：《中國歷代文論選》（上海：上海古籍出版社，1990），第3冊，第38頁。

③ 見郭紹虞編：《中國歷代文論選》（上海：上海古籍出版社，1990），第3冊，第37頁。

曹為劉,為阮為陸,為李為杜,即令為何大復,何不可哉!①

這是說,在盡力跡近古人作品——“物之自則”時,盡得古人之法,而在不自覺中將古人之法熔鑄為自己所用。兩人詩學論點之別是,何氏偏向由摹擬而有意識地求創變,突出個人面目;而李氏則強調摹擬如“模臨古帖”②,是不著意於求創變而從摹擬中浸淫於古人詩學的法則中,潛移默化,自然而然地獲其法則而自成一家。然而,在“模臨古帖”此喻中,他顯然未能充分說明上述“久而推移,因質順勢,融熔而不自知”的論點,這便成為後人誤解及攻擊其詩論的口實,認為他泥於摹擬,不若何景明的求創新求變化;又說他晚年後悔早年的詩學主張。這全是不瞭解李夢陽的詩學思想所致。③事實上,《詩集自序》中並無後悔或聲言放棄格調說的片言隻字。

在此序中,李氏借其友人王叔武之口說:

孔子曰:“禮失而求之野。”今真詩乃在民間。而文人學子,顧往往為韻言,謂之詩。……夫文人學子,比興寡而直率多,何也?出於情寡而工於詞多也。……李子於是憮然失,已

① 見郭紹虞編:《中國歷代文論選》(上海:上海古籍出版社,1990),第3冊,第47頁。鈴木虎雄這樣理解李夢陽由守法而至於自成一家,他說:“夢陽說古人必有相同的法則、規矩。變化由守法而生。”見鈴木虎雄著、洪順隆譯:《中國詩論史》(臺北:商務印書館,1972),第121頁。

② 見郭紹虞編:《中國歷代文論選》(上海:上海古籍出版社,1990),第3冊,第51頁。

③ 很多學者都認為李夢陽晚年放棄格調說。例如黃果泉:《李夢陽詩學思想的格調說》,《河南師範大學學報》,1994年第2期,第56頁;陳良運:《中國詩學批評史》(南昌:江西人民出版社,1995),第432頁。

灑然醒也。[①]

這是說,李氏之所以認為真詩在民間,是因為當時文人學子的詩"比興寡而直率多"、"出於情寡而工於詞多",而民歌的情真意切則乃真詩的表現。不要忽略的是李氏的真詩是先著眼於文人學子的創作,衹是因為文人學子的創作不合其理論要求,故退而求其次,"禮失而求之野",民歌是次選。而事實是在當時李氏眼中,民歌卻要比文人學子的詩更接近他對詩的要求。至於李氏借王氏之口對自己的摹擬古人之作抨擊得一文不值,態度大異於十多年前與何景明在書信中的論戰,亦不外乎醒覺自己畢生之作達不到自己在詩學理論上的要求而已。[②]

至於後七子中人論及詩學方法而又較為有新意的,應是謝榛(茂秦,1495－1575)與王世貞(元美,1526－1590)。謝榛在其《四溟詩話》中提出類似"兼以初唐、盛唐諸家,合而為一"、"若蜜蜂歷採百花,自成一種佳味"以"高其格調"之說,[③]這些觀點類似嚴羽提出的"妙悟"與"熟參"的方法。[④] 然而,謝氏已主張從古人入、從

① 見郭紹虞編:《中國歷代文論選》(上海:上海古籍出版社,1990),第3冊,第55－56頁。

② 然而,沈德潛卻在其編選的《明詩別裁集》收録最多的前十位詩人中,前、後七子佔了前六位,而第一、二名就分別是何景明與李夢陽。有關沈德潛在《明詩別裁集》中具體的對復古詩派的批判性肯定,可參陳岸峰:《別裁偽體歸雅正:論沈德潛編選的六種選本》,《九州學林》,2005年第1期(春季),第293－301頁。

③ 謝榛:《四溟詩話》,卷四,第57條,見謝榛、王夫之著,宛平、舒蕪點校:《四溟詩話·薑齋詩話》(北京:人民文學出版社,1998),第115頁。

④ 見嚴羽著、郭紹虞校釋:《滄浪詩話校釋》(臺北:里仁書局,1987),第12頁。

古人出，雖亦不脱復古詩派的摹擬本色，然而他的確將摹擬的範圍擴闊了，不再止於摹擬盛唐或李、杜。至於王世貞，則在論及"格"與"調"時較為通透，[1]但正如其所提出的"抑才就格"[2]之説一樣，其格調説終歸與謝榛一樣難以突破復古詩派所設下的桎梏，在此不贅。

3. 以杜詩為典範的不拘一格

沈德潛雖然將杜、韓並舉，固然因為兩者在風格上頗相近，但沈德潛主要的標榜對象應是杜詩，從其專評杜詩便可作為印證。[3]沈德潛以杜詩為格調的典範，這是對明代前、後七子的批判性傳承。[4] 沈德潛論格以杜詩為正則，強調杜詩之長在於不拘常格。杜詩之為格調的典範，在格調方面須"節次分明"、"一氣連屬"。然而杜詩並非一味直露，而是"有意本連屬，而轉似不相連屬"、"轉接無象，莫測端倪"，[5]即是風格既要明朗，節奏上宜一氣呵成，然又講求委婉。值得注意的是沈氏主挾議論入詩，這與李夢陽排斥宋詩，認為宋人學杜詩的以議論入詩，乃失唐詩香色流動之要害所在不同，

① 見王世貞：《湯迪功詩草序》，《弇州山人續稿》（臺北：文海出版社，1970），第5冊，卷四七，第2475－2476頁。

② 王世貞：《沈嘉則詩選序》，王世貞著、羅仲鼎校點：《藝苑卮言校注》（濟南：齊魯書社，1992），第2170頁。

③《杜詩偶評》是沈德潛專評杜詩之作，四卷，作於七十五歲。此處所參用的是（日本）渡會末茂編：《杜律評叢・杜詩偶評》[日本：中文出版社，文化六年]。

④ 有關沈德潛對復古詩派的傳承與批判的論述，可參陳岸峰：《〈唐詩別裁集〉與〈古今詩刪〉中"唐詩選"的比較研究：論沈德潛對李攀龍詩學理念的傳承與批判》，《漢學研究》，2001年第2期（12月），第399－416頁。

⑤ 見霍松林、杜維沫校注：《原詩・一瓢詩話・説詩晬語》（北京：人民文學出版社，1998），第206－207頁。

然而沈德潛卻推崇備至。有議論,即創作者性情在其中,即其"原乎性情"的論詩要旨,這樣便不至於如七子般的字摹句擬古人,而死於古人影子之下了。在論五、七言律詩時,沈德潛又説:

> 五言律……杜子美獨闢畦徑,寓縱橫排奡於整密中,故應包涵一切。終唐之世,變態雖多,無有越諸家之範圍者矣。以此求之,有余師焉。①

> 長律所尚……少陵出而瑰奇鴻麗,一變故方,後此無能為役。……七言長律,少陵開出,然明清等篇,已不能佳,何況學步餘子?②

以上所論,均重杜詩在風格上的多變、不拘常格,故而回應何景明批評杜詩"調失流轉"時,他説:

> 何景明《明月篇》序,大意謂子美七言詩詞固沈著,而調失流轉,不如唐初"四子"者音節可歌。蓋以子美為歌詩之變體,而"四子"猶《三百》之遺風也。然子美詩每從《風》、《雅》中出,未可執詞調一節以議之。③

---

① 見霍松林、杜維沫校注:《原詩 · 一瓢詩話 · 説詩晬語》(北京:人民文學出版社,1998),第213頁。

② 見霍松林、杜維沫校注:《原詩 · 一瓢詩話 · 説詩晬語》(北京:人民文學出版社,1998),第218頁。

③ 見霍松林、杜維沫校注:《原詩 · 一瓢詩話 · 説詩晬語》(北京:人民文學出版社,1998),第252頁。

杜詩既從《風》、《雅》中來，而又為歌詩之變體，至於四子則仍承《詩經》之遺風，故而是兩種不同的風格，音節當然亦有異了。

沈氏又具體地在創作方面對杜詩作出如下分析。在論活法方面，他強調作者與讀者的關係，在五律《送遠》中的“帶甲滿天地，胡為君遠行”便旁批：“何等起手，讀杜詩者，要從此種著眼。”①在《北征》中的“至尊尚蒙塵”至“慘澹隨回鶻”這一段旁批：“敘到家後，悲喜交集，詞尚未了，忽入至尊蒙塵，直起突接，他人無此筆力。”②甚至在後論中更指出：

漢魏以來，未有此體。少陵特為開出，是詩家第一篇。大文公之忠愛謀略亦於此見。③

又在《野人送朱櫻》後論：“著筆下半，流走直下，格法獨創。”④凡此種種，均示人以杜詩不凡之妙處。沈氏又進而對杜詩作篇法分析。在杜甫《聞官軍收河南河北》中的“……青春作伴好還鄉。即從巴峽穿巫峽，便下襄陽向洛陽”之旁，他便有如下批語：

預計歸程，如《禹貢》曰浮、曰逾、曰沿、曰達句法。

而後論則有：

一氣流注，不見句法字法之跡。對結自是落句，故收得

① 沈德潛選評：《唐詩別裁集》（香港：中華書局，1977），第152頁。
② 沈德潛選評：《唐詩別裁集》（香港：中華書局，1977），第33頁。
③ 沈德潛選評：《唐詩別裁集》（香港：中華書局，1977），第33頁。
④ 沈德潛選評：《唐詩別裁集》（香港：中華書局，1977），第189頁。

住,若他人為之,仍是中間對偶,便無氣力。[①]

以上種種的句法、篇法的批評,顯然比李東陽與復古詩派更詳細具體了。然而,沈氏並非一味對杜甫推崇備至,他對杜詩亦有微。如《江亭》"故林歸未得,排悶強裁詩"旁批:"與上六句似不合。"[②]又評在杜甫七律中:

有疏宕一體,實為宋元濫觴,才大自然無所不可也。然學杜者不應從此體入。[③]

總的來説,沈德潛重杜詩風格之多變而肯定杜詩的成就並以其作為達到格調的方法論的具體對象,相對於李夢陽的視古人作品為"物之自則"、何景明的"捨格取調"或王世貞的"抑才就格"來説,都是一大突破。

五、神韻、格調及性靈的會通

1. 格調包孕神韻

長久以來,文學批評史上均將格調與神韻視作兩種不同類型的詩論,[④]亦有學者認為兩者實各執嚴羽詩論的一端,基本上有可

① 沈德潛選評:《唐詩別裁集》(香港:中華書局,1977),第190頁。
② 沈德潛選評:《唐詩別裁集》(香港:中華書局,1977),第153頁。
③ 沈德潛選評:《唐詩別裁集》(香港:中華書局,1977),第188頁。
④ 參見吳枝培:《中國文論要略》(南京:南京大學出版社,1994),第117頁。

溝通之處。沈德潛的格調何以能取代王士禛的神韻説呢？神韻與格調有何溝通之處？

文學批評史上均將王士禛提倡的神韻説列作清初的主導詩論，而沈德潛的格調説則乃取代神韻説而崛起於詩壇。① 格調取代神韻均不離兩個原因，一方面是基於意識形態上的策略需要，另一方面則是從藝術角度著眼。在未論及格調與神韻的關係之前，且讓我們探討王士禛的神韻説為何能主導清初詩壇。紀昀（曉嵐，1724－1805）等人在乾隆欽定的《〈唐宋詩醇〉纂校後案》中對當時詩壇有如下剖析：

> 國初多以宋詩為宗，宋詩又弊。士禎乃持嚴羽餘論，倡神韻之説以救之。②

這是從藝術角度而言，指出王士禛的神韻説乃源於嚴羽詩論，為針對清初的宋詩而發。然由於王士禛早年曾提倡神韻，"中歲越三唐而事兩宋"，晚年又以神韻濟宋詩流弊，③故此郭紹虞便認為王士禛早年倡導神韻説乃針對明代前、後七子的格調説而興，而將王氏晚年重倡神韻説視作乃補濟他自己倡導宋詩的流弊。④ 即是説，王士

① 見敏澤：《中國文學理論批評史》（北京：人民文學出版社，1981），下冊，第 904 頁；袁行霈、孟二冬、丁放：《中國詩學通論》（合肥：安徽教育出版社，1994），第 941 頁。

② 乾隆選評、冉苒校點：《唐宋詩醇》（北京：中國三峽出版社，1997），上卷，第 4－5 頁。

③ 王士禛：《漁洋詩話序》，見王夫之等：《清詩話》（上海：上海古籍出版社，1982），上冊，第 163 頁。

④ 見郭紹虞：《中國詩的神韻、格調及性靈説》（香港：崇文書店，1971），第 47 頁。

禛之倡神韻說其實有兩種不同的面向目的。至於兩個時期的神韻說在義涵上有没有不同，郭先生則没有論及。而紀昀繼則説：

> 士禛又不究興觀群怨之原，故光景流連，變而為虛響。①

故有論者將王士禛神韻說的"流連光景"視作乃清廷文字獄猖獗的態勢底下而故作無為、不涉諷諭言論的產物。② 亦有論者認為王士禛的神韻說乃清初"清真雅正"的政治產物。③ 然而作為清廷官方代言人的紀昀在《〈唐宋詩醇〉纂校後案》中卻認為王士禛的神韻說偏離了傳統儒家詩學興觀群怨的原理，嚴重的是進一步指其神韻說"變而為虛響"，即是未能配合官方由清初以來一直推行的"和平廣大"之音的官方意識形態策略。這是論者所認為神韻說見擯於官方，而為沈德潛提倡唱出盛世之音的格調說所取代的原因。因此，有人將神韻說與格調說均視作清代的政治產物，同是因應不同時期的意識形態的策略需要而興起的詩論。④

在交代了神韻與格調遞興的歷史背景之後，現在再探討神韻與格調在詩學理論層面的關係。清代的翁方綱（正三，1733－

① 乾隆選評、冉苒校點：《唐宋詩醇》（北京：中國三峽出版社，1997），上卷，第4－5頁。

② 馬積高：《清代學術思想的變遷與文學》（長沙：湖南人民出版社，1996），第68－70頁。

③ 參方孝岳：《中國文學批評》（北京：三聯書店，1986），第200、203－204頁；蕭華榮：《中國詩學思想史》（上海：華東師範大學出版社，1996），第334－335頁。

④ 葉朗便認為王士禛的神韻說與沈德潛的格調說乃因應不同時期的政治需要而出現的不同形態的詩論。詳參葉朗：《關於沈德潛詩論的兩個問題》，《文學評論叢刊》，1981年第9輯，第46－48頁。

1818)曾對明前、後七子的格調説至王士禛的神韻説的關係有如下見解:

> 李、何、王、李之徒,泥於格調而偽體出焉。……至於漁洋,變格調曰神韻,其實即格調耳。而不欲復言格調者,漁洋不敢議李、何之失,又恐後人以李、何之名歸之,是以變而言神韻,則不比講格調者之滋弊矣。①

翁方綱認為王士禛乃變格調為神韻,更進一步是認為神韻"其實即格調"。紀昀亦認為王士禛的神韻説乃源於前、後七子。② 然而,郭紹虞則認為翁方綱未辨格調與神韻有所分別,他説:

> 格調之説重在氣象,而神韻之説,更是建築在氣象上的。二者都是給人以朦朧的印象。……實則格調説所給人以朦朧的印象的是風格,神韻説所給人以朦朧的印象的是意境。讀古人詩而得朦朧的印象,這是格調;對景觸情而得朦朧的印象,這是神韻。③

格調是風格,神韻是意境。確是的論。風格易摹,意境難到。氣象

① 翁方綱:《格調論(上)》,見郭紹虞編:《中國歷代文論選》(上海:上海古籍出版社,1990),第3冊,第524頁。

② 紀昀:《冶亭詩介序》,見陳良運等主編:《中國歷代詩學論著選》(南昌:百花洲文藝出版社,1995),第1008頁。近人學者亦不乏與翁方綱、紀昀相近的意見,如馬積高:《清代學術思想的變遷與文學》(長沙:湖南人民出版社,1996),第20、61、67頁。

③ 郭紹虞:《中國文學批評史》(上海:上海古籍出版社,1988),第542頁。

有字、句、音韻可循,意境乃個人的精神體現;字、句、音韻是構成作品的基礎,而意境則有賴個人的個性、情感以及才情。郭紹虞又說:

> 懸一風格而奔赴之,所以成為摹擬;懸一意境而奔赴之,則衹有能到與否的問題,不會有能似與否的問題。這也是第一義之悟與透徹之悟的分別。①

風格易擬而意境則非有自家體會不能到。這是第一義之悟與透徹之悟的分別,亦是摹擬與創造之別。

在王士禛神韻說風靡天下的年代,何以沈德潛獨標格調說呢?在《重訂唐詩別裁集序》中,沈德潛正式表達了對當時詩壇盟主王士禛選詩的微言,他說:

> 新城王阮亭尚書選《唐賢三昧集》,取司空表聖"不著一字,盡得風流",嚴滄浪"羚羊掛角,無跡可求"之意,蓋味在鹽酸外也。而於杜少陵所云"鯨魚碧海",韓昌黎所云"巨刃摩天"者,或未之及。余因取杜、韓語意,定《唐詩別裁》,而新城所取,亦兼及焉。②

"不著一字,盡得風流"、"羚羊掛角,無跡可求"是一種風格,"鯨魚碧海"、"巨刃摩天"又是另一種風格。嚴羽在《滄浪詩話》中論詩

① 郭紹虞:《中國文學批評史》(上海:上海古籍出版社,1988),第542頁。
② 沈德潛選評:《唐詩別裁集》(香港:中華書局,1977),第2頁。

説:“其大概有二,曰優遊不迫,曰沈著痛快。”①沈德潛所標舉杜甫的“鯨魚碧海”與韓愈的“巨刃摩天”可謂嚴羽所謂的“沈著痛快”一類,而王士禛的“不著一字,盡得風流”、“羚羊掛角,無跡可求”當屬“優遊不迫”一類。沈德潛並没有否定王士禛之選,衹是覺得有所不足,故而其《唐詩别裁集》乃在王士禛“優遊不迫”的基礎上加上復古詩派所追求的“沈著痛快”的唐音。②“沈著痛快”與“優遊不迫”乃格調與神韻之别。然而,兩者皆又源於嚴羽的詩論。郭紹虞認為明七子與王士禛乃各執嚴氏詩論的一端,而又説:

> 嚴羽詩論乃以神韻説的骨幹,而加上了一件格調説的外衣。明代前後七子衹見了他的外衣,所以上了他的當;清代王漁洋(士禛)去掉了這件外衣,便覺得一變黄鐘大吕而為清角變徵之音。③

説明代前、後七子衹見嚴羽的格調説並無不妥,然若説他們上了嚴羽的當而泥於摹擬古人格調則不對。李夢陽論詩也主性情,何景明也强調“捨筏登岸”,王世貞不也説過“法極無跡,人能之至,境與

① 嚴羽著,郭紹虞校釋:《滄浪詩話校釋》(臺北:里仁書局,1987),第8頁。

② 王鎮遠與鄔國平便認為沈德潛論詩首標氣盛格高、雄渾闊大的審美趣向,有意以七子之格調論來補王士禛神韻説之不足。見鄔國平、王鎮遠合撰:《清代文學批評史》(上海:上海古籍出版社,1995),第446頁。有關沈德潛《唐詩别裁集》以格調濟王士禛《唐賢三昧集》之偏於淡遠的論述,可參陳岸峰:《别裁僞體歸雅正:論沈德潛編選的六種選本》,《九州學林》,2005年第1期(春季),第285-289頁。

③ 見郭紹虞:《中國文學批評史》(上海:上海古籍出版社,1988),第281頁。

天會"這類近乎神韻的論調嗎？前、後七子之所以既強調性情，又熱衷於詩法探討，然而又不無矛盾地陷入一味摹擬的泥沼而不能自拔，實乃欲追摹盛唐詩歌而達至盛唐的政治氣象的馳想所致。

現在我們再闡釋沈德潛如何會通其格調與神韻之間的理論層面。沈德潛的"格調"說實乃包孕"神韻"，他說：

> 予惟詩之為道，古今作者不一，然攬其大端，始則審宗旨，繼則標風格，終則辨神韻，如是焉而已。……竊謂宗旨者，原乎性情者也；風格者，本乎氣骨者也；神韻者，流於才思之餘，虛與委蛇而莫尋其跡者也。①

"審宗旨"、"標風格"、"辨神韻"是沈德潛論詩的要訣，而性情、氣骨與才思便是其論詩三訣的內涵。在《石香詩鈔序》中，沈德潛又說：

> 夫韻不可以跡象求，不可以聲響著，流於跡象聲響之外而仍存於跡象聲響之間。此如畫家六法然，無論神品逸品，總以氣韻生動為上。蓋無韻者則薄，有韻者則厚，無韻則死，有韻則生。此北宗之不如南宗，韻不足審也。審是而詩之貴韻更可知已。②

① 沈德潛：《七子詩選序》，《沈歸愚詩文全集》（香港科技大學藏臺灣"中央研究院"傅斯年圖書館清乾隆年間刊本複印本），第3冊，卷一四。
② 沈德潛：《七子詩選序》，《沈歸愚詩文全集》（香港科技大學藏臺灣"中央研究院"傅斯年圖書館清乾隆年間刊本複印本），第3冊，卷一四。

在選本的詩評中,沈德潛更是常常使用"神韻":

> 右丞(王維)五言律有二種。一種以清遠勝,如"行到水窮處,坐看雲起時"是也。一種以雄渾勝,如"天官動將星,漢地柳條青"是也。當分別觀之。①

這説明了沈德潛何以言格調而又取神韻派的代表詩人,可見他並非祇言格調而不談神韻,事實上他兩者皆重,而他在神韻中又看出格調。可見沈德潛其實警覺到"格調"與"神韻"可溝通之處。他評鄭谷(守愚,約849-911)《鷓鴣》詩時説:

> 詠物詩刻露不如神韻,三四語勝於"鉤輈格磔"也。詩家稱鄭鷓鴣以此。②

沈德潛所理解的"神韻"乃"刻露"的對立面。而他亦將"音節神韻"並論,如評李因篤詩時便説:

> 聖主之仁,人子之孝,宇内共稱,不止羨其為鴻軒鳳舉也。詩品似李北地之宗杜陵,骨幹有餘而神韻或未副焉。③

① 沈德潛選評:《唐詩别裁集》(香港:中華書局,1977),卷九,第137頁。

② 沈德潛選評:《唐詩别裁集》(香港:中華書局,1977),卷一六,第219頁。

③ 沈德潛選評:《清詩别裁集》(香港:中華書局,1977),卷一一,第191頁。

這裏正指出李夢陽等前、後七子衹取嚴羽格調一説而遺其神韻，骨幹可擬而神韻在於個人的妙悟。他又以"神韻"及"清新"區别唐、宋七言詩：

七言絶句，唐人以神韻勝，宋人以清新勝，此宋體中最高者。①

唐、宋七言絶句之别，正是唐詩的特徵在"神韻"，而宋詩的特徵在"清新"。而於選本中引用王士禛的詩論觀點及神韻説，更是不計其數。沈德潛標舉杜詩為其格調包孕神韻的典範：

少陵七言古，如建章之宫，千門萬户；如巨鹿之戰，諸侯皆從壁上觀，膝行而前，不敢仰視；如大海之水，長風鼓浪，揚泥沙而舞怪物，靈蠢畢集。别於盛唐諸家，獨稱大宗。②

值得注意的是，他説杜詩"别於盛唐諸家，獨稱大宗"，即是説，杜詩在風格上多變，包羅萬有，能涵蓋盛唐諸家，而盛唐諸家不能涵蓋杜詩。又如：

王摩詰七言律風格最高，復饒遠韻，為唐代正宗。然遇杜《秋興》、《諸將》、《詠懷古跡》等篇，恐瞠乎其後，以杜能包王，

① 沈德潛選評:《清詩别裁集》(香港:中華書局,1977),卷二二,第 387 頁。

② 沈德潛選評:《唐詩别裁集》(香港:中華書局,1977),卷六,第 92 頁。

王不能包杜也。[1]

在《説詩晬語》中,他又説王維、李頎、崔曙、張謂、高適、岑參諸人,"品格既高,復饒遠韻,故為正聲"[2]。由此可見,風格乃出於品格的修養,從人格而言詩格,詩格高而韻亦邈遠,不流於字句的雕琢,音韻不殺直,這與其"韻不可以跡象求,不可以聲響著"、"審宗旨"、"辨神韻"的要訣是一致的。

2. 性靈:溝通格調與神韻的媒介

溝通格調與神韻之間的關係的重要媒介其實就是性靈。當然,此"性靈"又不同於清代以袁枚為宗主的性靈説。袁枚的性靈説在文學批評史上一向均被視為抗衡沈德潛的格調説的一大詩派。袁枚曾借楊萬里(廷秀,1127－1206)的話譏諷沈德潛:

> 格調是空架子,有腔口易描,風趣專寫性靈,非天才不辦……須知有性情,便有格律;格律不在性情外。[3]

就此而言,前、後七子的摹擬古人當然亦在他批判之列。我們可以這樣理解其性靈説:就形式而言,袁枚提出"巧"與"妙",即靈活風

① 沈德潛選評:《唐詩别裁集》(香港:中華書局,1977),卷一三,第188頁。

② 見霍松林、杜維沫校注:《原詩·一瓢詩話·説詩晬語》(北京:人民文學出版社,1998),第217頁。

③ 袁枚著、顧學頡校點:《隨園詩話》(北京:人民文學出版社,1998),上册,卷一,第2條,第2頁。

趣的藝術風格；就内容而言，他著重“性情”與“靈機”。[①] 郭紹虞這樣理解其性靈説：性者，情之表現，靈則是才之表現；情重其真，趣則重其活與新。[②] 至於“靈機”，除了天賦，亦包含靈感。因此，袁枚强調“赤子之心”，又説“詩難其真”，詩之真之於詩人本身“有性情”、“有我”，“否則敷衍成文矣”。[③] 這幾乎都是站在他所認知的格調派的對立面而發。然而，他雖尚自然，亦不廢雕琢；甚至説過“詩難其雅也，有學問而後雅”[④]的話，但亦少為人提及。實際上，袁枚之詩當然不乏男女之情甚至妓女的描寫，然亦有不少對歷史的省思與現實的關懷。然而，最觸目的是其有關男女之情之詩論。例如，“情所最先，莫如男女”[⑤]、“《關雎》為《國風》之首，即言男女之情”、“寫懷，假托閨情最藴藉”。[⑥] 袁枚的為人、思想、詩論在當時來説可謂是離經叛道，即在現在亦相當前衛，而後來的研究者亦從摭拾上述的片言隻字以偏概全，即使袁枚所處的時代亦是如此，其平正、深刻之論被其狂言淹没。而狂言浪行又令其獨樹一幟，在詩壇上佔一席之地，並與沈德潛成抗衡之勢。

---

① 參鄔國平、王鎮遠合撰：《清代文學批評史》（上海：上海古籍出版社，1995），第 479 頁。

② 參郭紹虞：《中國詩的神韻、格調及性靈説》（香港：崇文書店，1971），第 102 – 103 頁。

③ 袁枚著、顧學頡校點：《隨園詩話》（北京：人民文學出版社，1998），卷三，第 74 頁；卷七，第 234 頁；卷七，第 216 頁。

④ 袁枚著、顧學頡校點：《隨園詩話》（北京：人民文學出版社，1998），卷七，第 234 頁。

⑤ 袁枚：《答蕺園論詩書》，袁枚著、周本淳標校：《小倉山房詩文集》（上海：上海古籍出版社，1988），下册，卷三〇，第 1802 頁。

⑥ 袁枚著、顧學頡校點：《隨園詩話》（北京：人民文學出版社，1998），上册，卷一，第 15 頁；卷一四，第 474 頁。

大體而言，就詩論來説，袁枚重天籟，沈德潛重人巧而不廢天籟；性靈説是袁枚詩論的核心，其實在沈德潛的詩學理論中亦佔有極重要的位置。這大概亦是袁枚有所不知之處。依袁枚上述“有性情，便有格律”之見，其實他已道出格調與性靈可溝通之處。沈德潛主“格調”，言“神韻”，亦不廢“性靈”。然而，兩者對性靈的觀點，除了在創作中抒發真摯的情感外，兩人的性靈説的義涵雖不大相同，而袁氏之見，實不出沈德潛詩論説的範疇。何以有如此説法呢？沈德潛論詩本主真性情，在評詩中不乏套用“性靈”之處。例子衆多，今舉其二：

> 嘉定四君中以檀園為上，雖漸染習氣而風骨自高，不能掩其真性靈也。①

> 或謂漁洋獺祭之工太多，性靈反為書卷所掩，故爾雅有餘，而莽蒼之氣、遒折之力往往不及古人。②

由以上例子可見，沈德潛關於性靈的論點與袁枚的性靈説中的“真性情”、“靈機”並無衝突處，衹是袁枚往往重於男女情愛與“風趣”，然卻沒有沈德潛所考慮到的詩歌的內容是否合乎“温柔敦厚”的詩歌的功能與社會道德責任。

沈德潛論詩極重真性情，在他而言，好詩是不得不發的情感表現。在《説詩晬語》中説：“古人意中有不得不言之隱，值有韻語以

① 沈德潛選評：《明詩別裁集》（香港：中華書局，1977），卷一〇，第110頁。
② 沈德潛選評：《清詩別裁集》（香港：中華書局，1977），卷四，第61頁。

傳之。"[1]情貴在真,"小小送别,而動欲霑巾"是矯揉造作,是"失體"。[2] 在論及情時,沈德潛總忘不了"禮"的制約,這是袁枚強調"風趣"所没有的壓力。在情與禮的衝突中,沈德潛往往將禮凌駕於情之上,在評杜甫《新婚别》時説:

> "嫁女與徵夫,不如棄路旁。"近於怨矣。而"君今往死地"以下,層層轉换,勉以努力戎行,發乎情,止乎禮義也。[3]

在説到"詩必原本性情"時,接著下一句即是:

> 關乎人倫日用及古今成敗興壞之故者,方為可存,所謂其言有物也。[4]

詩要"關乎人倫日用"、"成敗興壞"以為鑒,"言有物"便是詩的社會與道德層面的實用價值,而非袁枚的專寫"風趣"與"靈機"。專寫"風趣"的性靈説末流終免不了流於輕佻膚淺,講求"靈機"者的要求巧妙靈動的審美要求不合於描寫"人倫日用"的社會題材。然而,過分強調詩的實際功能則又不免扼殺詩人的個性與詩歌題

① 見霍松林、杜維沫校注:《原詩 · 一瓢詩話 · 説詩晬語》(北京:人民文學出版社,1998),第187頁。

② 見霍松林、杜維沫校注:《原詩 · 一瓢詩話 · 説詩晬語》(北京:人民文學出版社,1998),第242頁。

③ 見霍松林、杜維沫校注:《原詩 · 一瓢詩話 · 説詩晬語》(北京:人民文學出版社,1998),第206頁。

④ 見霍松林、杜維沫校注:《原詩 · 一瓢詩話 · 説詩晬語》(北京:人民文學出版社,1998),第187頁。

材的多樣化。實際上,在沈德潛的整個詩論體系中,其具有"温柔敦厚"的"性靈説"乃扮演了貫穿神韻與格調之間的重要媒體,其"真性情"防止了"格調説"的流於褒衣大袖氣象而没個人面目之弊,而"關乎人倫日用及古今成敗興壞"之説又挽救了"神韻説"的"流連光景",為其注入了現實的内容,而其強調社會道德的一面又同時匡濟了袁枚性靈説末流的輕佻膚淺。簡而言之,沈德潛詩論中具有"温柔敦厚"性質的"性靈説",在其詩論中所擔當的作用便在於將情感與禮教融入神韻與格調之中,成為會通、匡濟神韻與格調的重要媒介。

六、總結

格調説由明代的李東陽正式提出作為創作的新方法,以糾正當時摹擬剽竊古人作品的詩壇流弊。而從前、後七子開始,他們力倡摹擬盛唐詩歌格調,期望從力振詩歌之盛唐強音以藉此達至政治上的盛唐。前、後七子之格調説,縱不乏對達至格調的詩學方法的論述,而彼等之努力實是枉然。試問身為明朝中葉人,何能有盛唐人的樂觀、自信、豪邁的思想與氣魄？没有盛唐氛圍,卻在頹世強作盛唐之音,可謂乃復古詩派一種充滿悲劇性的追求。及至清代,沈德潛對格調説作出了更具體的闡釋。面對復古詩派陷於困境的格調説,沈氏從論韻、論調、論格、格與調、格調與不同詩體的關係及其如何配合,詳細地對格調説的内涵與性質作出了闡釋;而其論詩與樂的關係,則又將格調的接受範圍擴充至普羅大衆,向民間吸取活潑的情感與精神,為格調説注入新鮮血液,擺脱了明代以來格調説的流於文人學士範疇内所探索的桎梏,使此格調説取替王士禛所倡導的神韻説,而成為當時的一大詩派。同時,沈氏又將格調説作出創造性的轉化，以杜詩為格調説的典範，主情真，以意運法，倡不拘一格，旨在突破明代復古詩派泥於規矩而死於終為古人影子的局面。此外，明代復古詩衹見嚴羽詩論中之格調，故流於一味摹擬；王士禛擷取嚴羽的神韻，而流於空寂。沈德潛於是乃以格調為詩論主幹而附以神韻，又以具有詩教功能的性靈説會通了格調與神韻，突破了明中葉以降的格調説，成就其集大成的詩學體系。

第三章 沈德潛對李攀龍的詩學理念的傳承與批判

一、前言

沈德潛所編選的幾種詩選當中,①《唐詩別裁集》可謂乃突破明代以來幾種唐詩選本的框架並匡正其流弊的集大成之選。在《唐詩別裁集》問世之前,有關唐詩的選本為數不少,較為著名的便有傳為金、元之際的元好問(裕之,1190 - 1257)所編的《唐詩鼓吹》,

① 沈德潛較為重要的選本計有《古詩源》(1725)、《唐詩別裁集》(1717,增訂版 1763)、《明詩別裁集》(1734)、《清詩別裁集》(1761,刪改版 1763)、《杜詩偶評》(1753)等選本,對整個詩歌的發展脈絡作了一番獨具心眼的勾勒。雖然,他並没有對宋詩作出整體的選取,但臨終之前仍編選了蘇軾、陸游與元好問的詩,名為《宋金三家詩選》。《宋金三家詩選》乃沈德潛於九十七歲時在門人陳明善的協助下選編而成的。沈德潛先是選了陸游、元好問的詩,並寫了例言、評語,又在病中選録蘇軾詩,但未及撰寫評語即逝世。此書由陳明善於沈氏身故之年(乾隆己丑年,1769)刊刻。然而,此選本並不及沈氏其他選本般流行。詳見沈德潛選評、趙翼批點:《宋金三家詩選》(濟南:齊魯書社,1983)。

明代後七子領袖李攀龍(于麟,1514－1570)的《唐詩選》[①],竟陵派的鍾惺(伯敬,1574－1624)與譚元春(友夏,1586－1637)合選的《唐詩歸》與清初神韻派宗主王士禛的《唐賢三昧集》。從有關的資料可見,沈氏對《唐詩鼓吹》大肆攻擊,對與他並世的詩壇盟主王士禛所編選的《唐賢三昧集》也相當不滿。沈德潛認為《唐詩鼓吹》乃假託元好問之選,而且他對這一選本也極為不滿,認為:"學者以此等為始基,汩没靈臺,後難洗滌。"[②]至於《唐詩歸》,沈氏雖未直接批評,可是從他將鍾、譚詩風批為"僻澀",更將鍾、譚的竟陵派與以三袁(袁宗道、袁宏道與袁中道)為首的公安派及陳繼儒(仲醇,1558－1639)與程嘉燧(孟陽,1565－1643)等人合稱為"古民三疾"[③]這一例子,我們可以推論,《唐詩歸》(以至於《詩歸》)這一選本必亦難令他愜意。

沈德潛《唐詩別裁集》之選,一般均被視為濟王士禛的《唐賢三昧集》之偏,而沈氏本人亦開宗明義地大張以格調濟神韻流弊的旗幟。然而,假若我們對《唐詩別裁集》作仔細的閱讀,便不難發現此選本除了濟神韻之偏外,其重心更在於對後七子領袖李攀龍所編

① 《唐詩選》之刊行並非李攀龍的本意,而是後世從其所編選的《古今詩刪》中擷取選唐詩的部分而刊行於世,《四庫全書總目·唐詩選七卷》云:"舊本題明李攀龍編,唐汝詢注,蔣一葵直解。攀龍有《詩學事類》,汝詢有《編蓬集》,一葵有《堯山堂外紀》,皆已著録。攀龍所選歷代之詩,本名《詩刪》,此乃摘其所選唐詩,汝詢亦自有《唐詩解》,此乃割取其注,皆坊賈所為,疑蔣一葵之直解,亦託名矣。然至今盛行鄉塾間,亦可異也。"見永瑢等撰:《四庫全書總目》(北京:中華書局,1987),下册,卷一九二,第1749頁下。

② 沈德潛:《説詩晬語》,卷下,第79條,見霍松林、杜維沫校注:《原詩·一瓢詩話·説詩晬語》(北京:人民文學出版社,1998),第255頁。

③ 沈德潛:《説詩晬語》,卷下,見霍松林、杜維沫校注:《原詩·一瓢詩話·説詩晬語》(北京:人民文學出版社,1998),第240－241、243頁。

選的《唐詩選》在詩學理念上作批判性的回應與修正。

故此,這一章將以《唐詩別裁集》與《唐詩選》作比較研究,藉此以勾勒出沈氏對李攀龍詩學理論的傳承與批判。[①]

二、詩史觀:從復古到傳承

縱使明代復古詩派内部在詩學理念上有意見不一致的地方,[②]但整體上"文必秦漢,詩必盛唐"[③]均乃彼等之間共通的詩學思想。

① 許總便認為:"沈氏的詩論,除了與其老師葉燮的關係之外,主要表現為對明代前後七子文藝觀的繼承和發展。"詳見許總:《沈德潛"温柔敦厚"説辯》,《文史哲》,1985年第1期(1月),第79頁。同樣認為沈氏詩論是對前後七子的承繼的觀點,可參葉朗:《關於沈德潛詩論的兩個問題》,《文學評論叢刊》,1981年第9輯,第35頁。不過,許總是站在肯定的態度,而葉朗則將沈氏批駁得體無完膚。有關《唐詩別裁集》的研究,早在1938年吴興華已撰有短文作評介,見吴興華:《唐詩別裁書後》,《文學年報》,1938年第4期,收入《文學年報論文分類彙編》(香港:龍門書店,1969),第1冊,第253-254頁。此外,臺灣學者胡幼峰教授亦曾撰文論述這一選本的得失及其影響,詳見胡幼峰:《試論〈唐詩別裁集〉編選之得失》,《古典文學》,1988年第10集,第327-358頁。至於《唐詩選》,相關的討論並不多,對李攀龍的《選唐詩序》的論述,可參陳國球:《試論李攀龍之選唐詩及"唐無五言古詩而有其古詩"説的意義及其影響》,《唐代文學研究》(桂林:廣西師範大學出版社,1998),第873-888頁。

② 例如李夢陽與何景明在詩學上的明顯分歧便是一例。有關李、何論争,可參何景明:《與李空同論詩書》,李夢陽:《駁何氏論文書》、《再與何氏書》,均見郭紹虞主編:《中國歷代文論選》(上海:上海古籍出版社,1996),第3冊,第37-39、46-48、51-52頁。從兩人的書信來往可見,應是李夢陽先致何景明一信,勸他更弦易轍,可是此信今已不存。此外,李夢陽與徐禎卿亦復在詩學上有論争,衹是不及與何景明般針鋒相對而已。至於李攀龍與王世貞的擯除謝榛於後七子之列,除了争為盟主之外,彼此在詩學上的不同之處想必亦是導致不和的一個因素。

③ 見張廷玉等撰:《明史》(北京:中華書局,1974),卷二八六,第7348頁。

前七子的領袖李夢陽自己曾這樣説:"西京之後,作者勿聞矣。"①前七子中人的另一領袖何景明在《海叟詩序》中亦說:

> 學歌行近體,有取於二家(李白、杜甫),旁及初盛唐諸人,而古作者必從漢、魏求之。②

同為前七子之一的康海在《渼陂先生集序》中說他們七子中人:"言文與詩者,先秦兩漢魏盛唐,彬彬然盈乎域中矣。"③

至於後七子領袖李攀龍個人的文學思想,除了在《古今詩刪》中選唐詩部分(即後來的《唐詩選》)中寫過一篇《選唐詩序》之外,不見有其他比這篇序更為集中地論述其文學觀的文章。然而,由李攀龍的《古今詩刪》的選詩取向,衹選古詩、唐詩及明詩而不及宋、元詩以至於他在《選唐詩序》中所表達的詩觀,其詩學理念大致上是可以把握的。在《選唐詩序》中,李氏作出如下斷言:

> 唐無五言古詩,而有其古詩。陳子昂以其古詩為古詩,弗取也。④

這段文字充分暴露了其矛盾的文學史觀。李氏既認為"唐無五言

① 李夢陽:《空同集》(上海:上海古籍出版社,1991),卷六六,第602頁。

② 見蔡景康編選:《明代文論選》(北京:人民文學出版社,1993),第117頁。

③ 康海:《對山集》(臺北:商務印書館,1972),第1冊,卷三,第40頁。

④ 李攀龍撰、包敬弟標校:《滄溟先生集》(上海:上海古籍出版社,1992),卷一五,第377頁。

古詩”,即是以古詩為典範(paradigm)來衡量唐代的五言古詩,因而纔會説“唐無五言古詩”。若以復古的文學史觀而言,這原是不錯的。然而接著下面卻又説“而有其古詩”,他想表達的是,唐代没有漢、魏的五言古詩,而具有唐代風格的五言古詩。即是説,唐代的五言古詩雖也如陳子昂(伯玉,661－702)般稱自己的五言古詩為古詩,然已不及漢、魏晉南北朝的五言古詩了。雖然陳子昂與漢、魏詩人寫的同是五言古詩,可是在李攀龍心目中,漢、魏的五言古詩與陳子昂的五言古詩(以至於唐代的五言)應該有所分別:前者乃高高在上的典範,而後者衹是對前者的模倣,是次一等的。由此,他斷言“唐無五言古詩”,衹有屬於唐代的五言古詩。他的文學史觀的矛盾之處即在於既以復古文學史觀衡量唐代的作品,然又承認唐代有屬於自己時代的文學。假若從復古角度論文學,一切的經典依理説皆應從古代尋找纔是,然而他卻又承認唐代有自己的“五言古詩”。基於這樣的矛盾觀念,他纔會不認同陳子昂以其古詩為古詩的觀點,即是説陳氏的所謂古詩,衹是唐代風貌的古詩而已,已不同於他心目中擁有最崇高地位屬於典範式的魏、晉古詩了。

我們在此再簡單點明其矛盾處。假若李氏不認同陳子昂創造於唐代的作品可套上“古詩”之稱的話,那豈不是承認一時代有一時代的獨特詩歌嗎?既然如此,那又何必“詩必盛唐,文必秦漢”?或謂古體必漢、魏,近體必盛唐?準此而言,又怎能斷言説“宋無詩”?再依其思路推論下去,假如典範已超然不可淩越的話,那麽無論後人怎樣努力復古與模擬古人作品,最終都無法達到漢、魏的古詩與盛唐近體的成就,一切的努力均是徒然枉費。既然如此,復古的意義何在?這是李氏一段簡短的文字留給我們後人的疑惑,也是後世論爭不已的一段公案。

沈德潛的出現,正具體而深入地回應了李攀龍留予後人的迷惑。在未進入探討沈德潛的詩史觀之前,先讓我們看看沈氏對唐詩的評價。在《唐詩别裁集原序》中,沈德潛將唐代的"聲律日工"與"詩教"對立,對"聲律日工"之壞"詩教"不無微言:

> 至有唐而聲律日工,託興漸失,徒視為嘲風雪、弄花草、遊歷燕衎之具,而"詩教"遠矣。①

而且:

> 唐人之詩,有優柔平中順成和動之音,亦有志微噍殺流僻邪散之響。由志微噍殺流僻邪散而欲上溯乎詩教之本原,猶南轅而之幽薊,北轅而之閩粤,不可得也。②

唐詩並非完美無缺,既有"優柔平中順成和動之音",亦有"志微噍殺流僻邪散之響",這與李攀龍的"詩必盛唐"③的態度已是相當不同。沈氏對唐詩作了二分,其實亦乃從其"詩教"觀出發。他指出,假若要回歸詩教,最佳的途徑乃直接上溯至詩教之源,即向《詩經》學習。

---

① 沈德潛選評:《唐詩别裁集》(香港:中華書局,1977),第1頁。
② 沈德潛選評:《唐詩别裁集》(香港:中華書局,1977),第1頁。
③ 李攀龍撰、包敬弟標校:《滄溟先生集》(上海:上海古籍出版社,1992),卷一五,第377頁。

另一方面，沈德潛又將唐詩與漢魏的詩歌傳統掛鈎，他曾説過：

> 唐人詩雖各出機杼，實憲章八代。如李陵《録别》開《陽關三疊》之先聲，王粲《七哀》為《垂老别》、《無家别》之祖武，子昂原本於阮公，左司嗣音夫彭澤。揆厥由來，精神符合。讀唐詩而不更求其所出，猶登山不造五嶽，觀水不窮昆侖也。選唐人詩外，舊有《古詩源》選本，更當尋味焉。①

他推重唐詩，更反覆強調"求其所出"、"上溯乎詩教之本原"，可見他既重唐詩而又不囿於唐詩的通達與靈活的態度。唐詩之所以有輝煌的成就，乃在承繼了漢、魏詩歌的優良傳統。沈氏將唐詩與漢、魏詩歌傳統銜接，具體指出漢、魏詩歌對唐詩的影響，求的是"精神符合"，而非前、後七子的以某一朝代、某一時期以至於某種詩歌數量作為模擬的目標。②

由此可見，沈德潛的詩史觀是延續的、發展的，而非前、後七子般將文學史割裂，認為古體必漢、魏而近體必盛唐，或謂宋無詩。沈德潛這種詩史觀充分體現於《唐詩别裁集》中，在此選本中，我們更能看出其不同於《唐詩選》所體現的詩學理念。

---

① 沈德潛選評：《唐詩别裁集》（香港：中華書局，1977），第5頁。

② 當然，復古詩派並非主張尋章摘句以剽竊古人，他們其實自有一套詩學方法與理想。有關復古詩派出現的時代背景及彼等復古的目的，可參簡錦松：《論明代文學思潮中的學古與求真》，《古典文學》，1986年第8集，第313－356頁。

三、從突破"四唐説"到同尊盛唐詩之不同目的

李攀龍的《唐詩選》以初、盛、中、晚的"四唐説"區分唐詩,①而奉盛唐詩為圭臬,謂"詩必盛唐"。現將《唐詩選》與《唐詩別裁集》中選詩比例以圖表列出,以便於比較。

表一:《唐詩選》所選前八位詩人及不同詩體作品比例圖表

	杜甫	李白	王維	高適	岑參	王昌齡	韋應物	沈佺期	合計(首)
五古	18	9	7	8	5	5	8	0	60
七古	21	8	3	12	5	2	0	1	52
五律	23	13	9	9	7	1	0	3	65
七律	13	1	11	2	7	1	1	7	43
五排	12	4	5	3	1	1	0	4	30
五絶	2	5	6	2	2	2	6	0	25
七絶	5	14	6	4	12	14	1	1	57
合計(首)	94	54	47	40	39	26	16	16	332

---

① 復古詩派的"四唐説"實乃源於嚴羽,錢謙益在《唐詩英華序》中便指出:"世之論唐詩者,必曰初、盛、中、晚……揆厥所由,蓋創於宋季之嚴儀卿(嚴羽)而成於國初之高棅。承僞踵謬,三百年於此矣!"見錢謙益:《牧齋初學集　牧齋有學集》(臺北:商務印書館,1967),第2冊,卷一五,第126頁。及至明初,高棅(彥恢,1350－1423)在其編選的《唐詩品彙》中便將初、盛、中、晚的四唐説具體化:"詳而分之,貞觀永徽之時……此初唐之始制也。神龍以還,洎開元初……此初唐之漸盛也。開元、天寶間……此盛唐之盛者也。大曆、貞元中……此中唐之再盛也。下暨元和之際……此晚唐之變也。降而開成以後……此晚唐變態之極……"近人馬茂元亦認為:"提倡盛唐,在這一點上,説高棅此書(《唐詩品彙》)開李、何之先河,是不錯的……"見馬茂元:《從嚴羽的〈滄浪詩話〉到高棅的〈唐詩品彙〉》,《晚照樓論文集》(上海:上海古籍出版社,1981),第189頁。有關"四唐説"在分期上的問題,可參陳國球:《唐詩的傳承》(臺北:學生書局,1990),第244－246頁。

表二：沈德潛《唐詩別裁集》選詩最多的前十名及其不同詩體的比例統計表

	杜甫	李白	王維	韋應物	白居易	岑參	李商隱	韓愈	柳宗元	孟浩然	合計（首）
五古	53	42	23	44	17	6	0	12	21	10	228
七古	58	37	9	3	13	13	1	21	4	1	160
五律	63	27	31	6	4	17	11	3	2	21	185
七律	26	4	11	2	18	6	20	4	5	1	97
五言長律	18	5	10	4	2	4	6	2	1	1	53
五絕	3	5	16	4	0	3	2	0	4	1	38
七絕	3	20	4	4	6	9	10	1	4	1	62
合計（首）	224	140	104	67	60	58	50	43	41	36	823

沈德潛的《唐詩別裁集》則不以“四唐説”區分唐詩，轉而以體裁作為不同卷帙的區分。然而，此選選取杜甫、李白、王維（摩詰，701－761）三人的作品共四百六十八首，佔前十位作品總數的一半以上，雖在體例上擺脱了《唐詩選》的拘於時代界限的桎梏，然而旨趣終以盛唐詩為主。這是《唐詩別裁集》與《唐詩選》一脈相承之處。

由以上《唐詩選》與《唐詩別裁集》這兩個圖表可見，李攀龍與沈德潛所選録的詩總數的首三位均分別是杜甫、李白、王維。雖然在選詩的數目上，《唐詩選》遠較《唐詩別裁集》少，但在整體的百分比上，首三位的比例卻是極其接近。這種杜甫、李白、王維的排列已成定論。然而，雖則兩個選本同尊盛唐詩，而目的卻各有不同。李攀龍之所以大篇幅選取杜甫、李白與王維三人的作品，乃基於其“詩必盛唐”的狹隘詩學理念。相對來説，《唐詩別裁集》中入選數目最多的前十位詩人表現了沈氏格調與神韻並重的目的,當然乃以格調為主以濟《唐賢三昧集》之大幅度偏向王、孟詩派的神韻詩觀所產生的流弊。沈德潛在《説詩晬語》中曾對當時的詩壇盟主王士禛的《唐賢三昧集》表達了如下的遺憾:

> 司空表聖云:"不著一字,盡得風流。""采采流水,蓬蓬遠春。"嚴滄浪云:"羚羊掛角,無跡可求。"蘇東坡云:"空山無人,水流花開。"王阮亭本此數語定《唐賢三昧集》。木玄虛云:"浮天無岸。"杜少陵云:"鯨魚碧海。"韓昌黎云:"巨刃摩天。"惜無人本此定詩。①

而在《重訂唐詩别裁集序》中,沈德潛則再次表達了對王士禛的《唐賢三昧集》的微言,他説:

> 新城王阮亭尚書選《唐賢三昧集》,取司空表聖"不著一字,盡得風流",嚴滄浪"羚羊掛角,無跡可求"之意,蓋味在鹽酸外也。而於杜少陵所云"鯨魚碧海",韓昌黎所云"巨刃摩天"者,或未之及。余因取杜、韓語意,定《唐詩别裁》,而新城所取,亦兼及焉。②

① 沈德潛:《説詩晬語》,卷下,第 80 條,見霍松林、杜維沫校注:《原詩·一瓢詩話·説詩晬語》(北京:人民文學出版社,1998),第 255 – 256 頁。

② 沈德潛選評:《唐詩别裁集》(香港:中華書局,1977),第 2 頁。沈德潛雖在《唐詩别裁集》中將杜甫與韓愈並舉,可是他在實際選詩上卻是尊杜絀韓,杜詩入選之數目遠遠超過韓詩。沈氏尊杜絀韓的最主要原因乃在於杜詩不止於格調一端,更符合其温柔敦厚的詩觀,此乃徒具格調而温柔敦厚方面不足的韓詩的不逮之處。有關沈氏尊杜絀韓這一現象,筆者將另文探討。

其實,《唐賢三昧集》這一選本中因欠缺格調雄渾之作而備受批評,在當時可能已成詩壇的關注焦點。吴喬(修齡,1611－1695)便曾在其《答萬季埜詩問》中譏王士禛為"清秀李于鱗(李攀龍)"[①],即指王氏並没有脱離李氏詩學之陰影,其《唐賢三昧集》之選與李攀龍的《唐詩選》,實乃一體兩面而已。另一位批評者宋犖(牧仲,1634－1713),在其《漫堂説詩》中雖稱許《唐賢三昧集》"力挽尊宋祧唐之習,良於風雅有裨",但又批評此選:"至於杜之海涵地負,韓之鼇擲鯨呿,尚有所未逮。"[②]這種觀點或許便是促成沈德潛選《唐詩别裁集》的先聲。

由此可見,《唐詩别裁集》既是對李攀龍的《唐詩選》有所承傳,亦有重大的突破,而補濟當時由王士禛所倡導的神韻詩説及其選本《唐賢三昧集》所造成的偏頗亦乃沈氏選《唐詩别裁集》的目的之一。準此而言,《唐詩别裁集》歷時性與共時性並重,乃明末以降關於唐詩的全方位集大成選本。

四、五言、七言絶句

在《唐詩選》與《唐詩别裁集》這兩個選本中,雖均同尊杜甫為首,但是在五絶這一體裁上,沈德潛與李攀龍卻同樣不得不將首位讓於整體數量排列第三的王維。李攀龍雖稱許太白的五、七言絶句"實唐三百年一人,蓋以不用意得之"[③],可是在五絶的選取上,他卻以王維為第一,選六首;同時位居五絶首位的還有韋應物

① 丁福保輯:《清詩話》(上海:上海古籍出版社,1978),上册,第26頁。

② 丁福保輯:《清詩話》(上海:上海古籍出版社,1978),上册,第417頁。

③ 李攀龍撰、包敬弟標校:《滄溟先生集》(上海:上海古籍出版社,1992),卷一五,第377頁。

(737－792),比祇有兩首入選的杜甫多出四首,恰好是三倍。在《唐詩別裁集》中的情況卻就涇渭分明得多了。沈氏選王維五絶十六首,遠遠拋離第二位祇得五首的李白。至於杜甫,祇得三首入選。同樣入選五首,從比例而言,李白與王維在《唐詩別裁集》中的差距要比在《唐詩選》中遠得多了,可謂望塵莫及。至於王維與杜甫在《唐詩別裁集》中的五絶更是比例懸殊,王維共有十六首入選,比祇得三首入選的杜甫多了十三首,在五絶的選詩比例上,王維約五倍強於杜甫。

五絶以王維為首,足見沈德潛認同王士禛推重王維之見。王士禛説:

> 唐五言詩,開元、天寶間大匠同時並出。王右丞而下,如孟浩然、王昌齡、岑參、常建、劉眘虚、李頎、綦毋潛、祖詠、盧象、陶翰之數公者,皆與摩詰相頡頏。獨儲光羲詩,多龍虎鉛汞之氣,田園樵牧諸篇,又迂闊不切事情,而古今稱"儲王",何也?高適質樸,不免笨伯;杜甫沉鬱,多出變調;李白、韋應物超然復古。然李詩有古調,有唐調,要須分別觀之。①

王氏以王、孟為五言詩的宗主,開創了清初的神韻詩派,成為一代宗師。沈德潛的《唐詩別裁集》雖鋭意以杜、韓詩的雄渾格調濟《唐賢三昧集》之偏向清淡的不足,然而,從其選詩數量可見,他並没有要突出格調而偏廢以王、孟為代表的神韻派。王維與韋應物分別位列第三、四位,而柳宗元與孟浩然也列第九與第十位。然而,既

① 王士禛:《居易録》,轉引自鄔國平、王鎮遠合撰:《清代文學批評史》(上海:上海古籍出版社,1995),第328－329頁。

是王、孟並稱，何以孟浩然的五絶衹得一首入選呢？沈氏在孟浩然的五絶中没有提及個中因由，但在五言古中有如下微言：

> 襄陽詩從静悟得之，故語淡而味終不薄。此詩品也。然比右丞之渾厚，尚非魯、衛。①

孟氏"語淡"而其不致流於淺薄則因為在於從"静悟"中得之，但相對於王維詩的"渾厚"，沈氏之取捨態度立判。沈氏經常强調的是王維詩中那種"不著力處得之"②、李白詩中"妙在不明説怨"（《玉階怨》）③、"旅中情思雖説明卻不説盡"（《夜思》）④的含蓄委婉手法。

然而，一向在沈氏眼中包羅萬象的杜詩何以分別衹得三首入選五、七絶呢？在李白七絶的總論中，沈氏對五、七絶之絶妙處有如下描述：

> 五言絶，右丞（王維）、供奉（李白）。七言絶，龍標（王昌齡）、供奉妙絶古今，别有天地。七言絶句以語近情遥、含吐不露為貴，衹眼前景、口頭語而有弦外之音，使人神遠，太白有焉。⑤

① 沈德潛選評：《唐詩别裁集》（香港：中華書局，1977），卷一，第14頁。
② 沈德潛選評：《唐詩别裁集》（香港：中華書局，1977），卷一，第11頁。
③ 沈德潛選評：《唐詩别裁集》（香港：中華書局，1977），卷一九，第253頁。
④ 沈德潛選評：《唐詩别裁集》（香港：中華書局，1977），卷一九，第253頁。
⑤ 沈德潛選評：《唐詩别裁集》（香港：中華書局，1977），卷二〇，第265頁。

再比較他在杜甫七絶總論下的評價：

少陵絶句，直抒胸臆，自是大家氣度，然以為正聲，則未也。宋人不善學之，往往流於粗率。楊廉夫謂學杜須從絶句入，真欺人語。①

因為杜甫的七絶乃"直抒胸臆"而非太白"語近情遥"、"含吐不露"那種"弦外之音"，故而沈氏很坦白地指出杜甫的七絶衹是"大家"而非"正聲"。甚至因而批評楊維楨(廉夫，1296－1370)"學杜須從絶句入"之見，認為學杜不應從杜甫的絶句入手。由此可見，沈氏對杜甫的絶句並不恭維，故選取極少也就不足為奇了。

故而，在《唐詩别裁集》中，沈氏録李白七絶二十首，遥居首位。至於在李攀龍《唐詩選》中與李白同樣入選十四首七絶的王昌齡，在沈氏的《唐詩别裁集》中則衹有十一首七絶入選，居李白之下，佔第二位。沈氏這樣評王昌齡的絶句：

龍標絶句，深情幽怨，意旨微茫，令人測之無端，玩之無盡，謂之唐人騷語可。②

值得注意的是在五、七言絶句上，《唐詩别裁集》與《唐詩選》在王維、李白及杜甫三人的去取也極其接近，均是以王維及李白居五、

---

① 沈德潛選評：《唐詩别裁集》(香港：中華書局，1977)，卷二〇，第266頁。

② 沈德潛選評：《唐詩别裁集》(香港：中華書局，1977)，卷一九，第263頁。

七絶之首,而杜甫則將近敬陪末座。

由此可見,沈德潛在選詩上能照顧到不同體裁的特色而予以彈性的評價與去取,如上述王維與杜甫在絶句上的問題便可見其選詩的靈活性。沈氏雖對杜詩推崇備至,但他又不失客觀、理性,對杜甫的絶句的微言便是最佳的明證;另一方面,由其極力推崇王維的五絶可見,他在格調之外,也兼取神韻的一面,而且在其選本中亦常常援引王士禛的詩學觀點。

五、五言、七言古詩

由明末至清初的詩壇的另一項論争焦點,便是由後七子的領袖李攀龍在其《選唐詩序》中所提出的"唐無古詩而有其古詩"的觀點,此論招致不少人的訾議。[①] 在《選唐詩序》中,李攀龍這樣評説各家在詩體上的得失:

> 唐無五言古詩,而有其古詩。陳子昂以其古詩為古詩,弗取也。七言古詩,唯杜子美不失初唐氣格,而縱横有之。太白縱横,往往強弩之末,間雜長語,英雄欺人耳。[②]

李攀龍在"唐無五言古詩,而有其古詩"上既招來無數攻擊,亦復有不少支持者,王士禛便是其中的支持者之一。例如在其《古詩選》

① 有關復古派中人如王世貞及明代其他詩學理論家對李攀龍《選唐詩序》的不同意見的相關論述,可參陳國球:《唐詩的承傳》(臺北:學生書局,1992),第137－144頁。

② 李攀龍撰、包敬弟標校:《滄溟先生集》(上海:上海古籍出版社,1992),卷一五,第377頁。

中的五古一體，他便專以漢、魏六朝為主，唐人中衹有張九齡（子壽，678－740）、陳子昂、李白、韋應物、柳宗元（子厚，773－819）等人能存古音於唐音之中而入選，而杜甫的五古，則一字不録。這亦是本李攀龍"唐無古詩而有其古詩"之説的理念。明白了王士禛的神韻説與明代七子的關係之後，便不難理解何以吴喬譏之為"清秀李于鱗"①了。在《師友詩傳録》中更有如下記載：

阮亭答："滄溟先生論五言，謂：'唐無五言古詩，而有其古詩。'此定論也。常熟錢氏（謙益）但截取上一句，以為滄溟罪案，滄溟不受也。要之，唐五言古固多妙緒，較諸《十九首》、陳思、陶、謝，自然區别……"②

關於李攀龍《選唐詩序》的論争意見紛紜，明末清初詩壇中人各偏一端。沈德潛在《唐詩别裁集》中對此作了最客觀而理性的分析與論斷。沈德潛並不認同李攀龍"唐無五言古詩，而有其古詩"之見，他認為唐代既有"五言古詩"，亦有"其古詩"：

唐顯慶、龍朔間，承陳、隋之遺，幾無五言古詩矣。陳伯玉力掃俳優，仰追曩哲，讀《感遇》等章，何啻黄初、正始間也。張曲江、李供奉繼起，風裁各異，原本阮公。唐體中能復古者，以三家為最。③

---

① 丁福保輯：《清詩話》（上海：上海古籍出版社，1978），上册，第26頁。

② 丁福保輯：《清詩話》（上海：上海古籍出版社，1978），上册，第129－130頁。

③ 沈德潛：《説詩晬語》，卷上，第74條，見霍松林、林維沬校注：《原詩·一瓢詩話·説詩晬語》（北京：人民文學出版社，1998），第206頁。

沈德潛肯定唐代的五言古詩及陳子昂在五言古詩上的成就。陳子昂的《感遇》詩在成就上並不亞於漢、魏古詩。張九齡與李白繼陳子昂之後,雖風格不盡同於古,然亦源於阮籍,故而稱許陳子昂、張九齡與李白,肯定他們的復古之功。然在肯定他們復古的同時卻又包容張九齡與李白的"風裁各異",這是很通達的復古,而非李攀龍的斷言"唐無五言古詩",亦非前七子李夢陽般以古人之作為"物之自則"的僵死復古態度。[①]

沈德潛在肯定唐代以陳子昂為首的五言古詩之後,便進一步分析五言古詩在唐代的傳承與發展。在張九齡的小傳中,沈德潛指出:

> 唐初五言古漸趨於律,風格未遒。陳正字起衰而詩品始正,張曲江繼之而詩品乃醇。[②]

由陳子昂的"起衰"而至於"詩品始正",及至張九齡則臻於"醇"。而且:

> 《感遇》詩,正字古奥,曲江蘊藉。本原同出嗣宗,而精神面目個别,所以千古。[③]

---

① 李夢陽在《答周子書》中說:"……謂學不的古,苦心無益。又謂文必有法式,然後中諧音度。如方圓之於規矩,古人用之,非自作之,實天生之也。今人法式古人,非法式古人也,實物之自則也。"見郭紹虞:《中國歷代文論選》(上海:上海古籍出版社,1996),第3冊,第52頁。

② 沈德潛選評:《唐詩别裁集》(香港:中華書局,1977),卷一,第10頁。

③ 沈德潛選評:《唐詩别裁集》(香港:中華書局,1977),卷一,第10頁。

在此，他將唐代的五言古詩遠承漢、魏的傳統，即是説漢、魏的五言古詩並未中斷，陳子昂與張九齡的《感遇》詩乃同源於阮籍（嗣宗，210－263）而又獨出機杼，前者"古奥"，後者"蘊藉"，故而稱許彼等之作"所以千古"。沈氏這種傳承的文學史觀與李攀龍在《選唐詩序》中將漢、魏的五言古與唐代的五言古割裂為兩個不同的傳統的態度是截然不同的。

同樣的，沈德潛在評韋應物《擬古七首》之七後説："諸詠胎源於古詩十九首，須領取意言之外。"①可見，沈德潛乃因為唐代五言詩對古詩有所承傳與創變而肯定其成就；而且，體味唐代五言詩與《古詩十九首》應從"意言之外"，而非僅著眼於題材與字句上。這種肯定詩歌因世變而變更與從讀詩中體味詩歌的承傳關係的態度，顯然不同於李攀龍的一味唯古是從與拘泥於字句上的摹擬。沈氏又説：

> 才大者聲色不動，指顧自如。太白五言妙於神行，昌黎不無蹶張矣。取其意規於正，雅道未澌。②

這種古詩的傳統一直延續，由李白而至於韓愈。他又回應李攀龍對李白古詩的指責説：

> 太白詩縱横馳驟，獨《古風》二卷不矜才，不使氣，原本阮

① 沈德潛選評：《唐詩别裁集》（香港：中華書局，1977），卷三，第46頁。

② 見霍松林、杜維沫校注：《原詩·一瓢詩話·説詩晬語》（北京：人民文學出版社，1998），第207頁。

公,風格俊上。伯玉《感遇》詩後,有嗣音矣。①

換言之,李白的《古風五十九首》乃遠祧阮籍,近承陳子昂。

而且,沈氏更以唐人的七言古詩為楷式,又推許杜甫的五言長篇獨步千古:

《大風》、《柏梁》,七言權輿也。自時厥後,如魏文(曹丕)《燕歌行》、陳琳《飲馬長城窟》、鮑照《行路難》,皆稱傑構。唐人起而不相沿襲,變態備焉;學七言古詩者,當以唐代為楷式。②

五言長篇,固須節次分明,一氣連屬。然有意本連屬,而轉似不相連屬者:敘事未了,忽然頓斷,插入旁議,忽然聯續,轉接無象,莫測端倪,此運《左》《史》法於韻語語中,不以常格拘也。千古以來,且讓少陵獨步。③

唐代七言古詩之所以成就特高,堪稱後世學者的楷式,即在唐人"不相沿襲"。杜甫五言長篇之所以獨步千古,乃在於"不以常格拘",極盡變化之能事。這正是針對前、後七子的復古詩學理念的泥於摹擬而言的。

然而,沈德潛並非一味推崇唐代古詩。他認識到唐代五言古已傑作不多,例如杜甫的五言古亦有劣作,故在杜甫《劍門》後說:

---

① 沈德潛選評:《唐詩別裁集》(香港:中華書局,1977),卷二,第23頁。

② 見霍松林、杜維沫校注:《原詩·一瓢詩話·說詩晬語》(北京:人民文學出版社,1998),第208頁。

③ 見霍松林、杜維沫校注:《原詩·一瓢詩話·說詩晬語》(北京:人民文學出版社,1998),第208頁。

> 自秦州至成都諸詩,奥險清削,雄奇荒幻,無所不佳,山川詩人兩相觸發,所以獨絶古今也,以後五古俱横厲頽墮,故所從略。①

杜甫的五言古在入蜀之後已"横厲頽墮",故而從略。而且,這不衹是杜甫個人的問題,而是古體在中唐之後開始衰落。在《唐詩别裁集》卷三,沈氏指出:

> 中唐詩漸秀漸平,近體句意日新而古體頓減渾厚之氣矣。權德輿推文房為五言長城,亦謂其近體也。②

在卷七劉長卿小傳中亦説:"中唐古詩,寥寥可數。"③沈氏認為,中唐詩"漸秀漸平",而"渾厚之氣"頓減,這是近體詩與古體詩的分别所在。究其因由,乃當時的詩人開始以近體入古詩:

> 貞元、元和以降,詩家尊尚近體,於古風漸薄,五言古尤入淺率。④

以上是從中唐以降的詩人尊尚近體的創作風尚而言唐代古詩之趨於"淺率"。沈德潛更指出科舉對五言古詩的影響,認為唐代五言詩之衰乃出於唐代以五言試士所致:

> 唐時五言以試士,七言以應制。限以聲律,而又得失諛美

① 沈德潛選評:《唐詩别裁集》(香港:中華書局,1977),卷二,第38頁。
② 沈德潛選評:《唐詩别裁集》(香港:中華書局,1977),卷三,第43頁。
③ 沈德潛選評:《唐詩别裁集》(香港:中華書局,1977),卷七,第106頁。
④ 沈德潛選評:《唐詩别裁集》(香港:中華書局,1977),卷四,第65頁。

> 之念先存於中,揣摩主司之好尚,迎合君上之意旨,宜其言之難工也。錢起《湘靈鼓瑟》,王維《奉和聖製雨中春望》外,傑作寥寥,略觀可矣。①

出於科舉應制而做五言詩,故而以在位者的好惡為重而不能流露真性情,這樣便局限了創作者的思維空間,窒息了創作自由,五言詩之衰於以五言詩取士的唐代是必然的。

由以上對李攀龍的"唐無五言古詩,而有其古詩"的討論可見,李攀龍之見多為明末清初詩壇所斥,沈德潛雖並沒有正面批評李攀龍之見,然而他肯定了陳子昂、張九齡、李白在古詩上的復古成就,肯定唐古詩,亦有五言古詩。而且唐代七言古詩更可為後世學七言古的楷式,杜甫七言長篇獨步千古。由此可見,沈德潛並不讚同李攀龍關於"唐無五言古詩"之見。而且沈氏更注重詩隨世變,亟言法不可泥。這種肯定詩隨時變的詩史觀與其師葉燮以至於錢謙益(受之,1582 - 1664)等人並無不同。然而,沈德潛並不流於口號式的叫囂而至於人身攻擊,而是理性地從具體的詩人與作品入手,詳細剖析,從內部的創作觀察以至於外緣因素的影響,得出唐有其古詩,而古詩始壞於中唐,乃出於當時的詩人開始以近體入古詩以及唐代以五言詩試士。這種理性的剖析毫釐的精神與論詩方法,遠非明末至清初的詩學理論家所能企及。

六、七律之爭

在《唐詩選》中,李攀龍將李頎僅有的七首七律全收。李攀龍

① 見霍松林、杜維沫校注:《原詩·一瓢詩話·說詩晬語》(北京:人民文學出版社,1998),第252頁。

說:"七言律體,諸家所難,王維、李頎頗臻其妙,即子美篇什雖衆,頹然自放矣。"[①]復古詩派的推崇者胡應麟(元瑞,1551－1602)亦言:

> 李律僅七首,惟"物在人亡"不佳。"流澌臘月",極雄渾而不笨;"花宫仙梵",至工密而不纖。"遠公遁跡"之幽,"朝聞遊子"之婉,皆可獨步千載。[②]

但他又說:"七言律,唐以老杜為主,參之李頎之神,王維之秀,岑參之麗。"[③]王士禛則認為:

> 唐人七言律,以李東川、王右丞為正宗,杜工部為大家,劉文房為接武。[④]

由此可見,王氏之見與李攀龍在七律上的觀點相當一致,均推崇李頎與王維,杜甫則次之,這與胡應麟的"以老杜為主"之見,分歧甚為明顯。冠軍誰屬,關鍵則在李頎與杜甫兩人身上。

沈德潛在《唐詩别裁集》中與李攀龍在《古今詩删》的選唐詩部分一樣,七首盡取,他說:

---

① 李攀龍撰、包敬弟標校:《滄溟先生集》(上海:上海古籍出版社,1992),卷一五,第377頁。

② 此處乃轉引自孫琴安:《唐七律詩精評》(上海:上海社會科學院出版社,1989),第24頁。

③ 見胡應麟:《詩藪》(上海:中華書局,1962),第83頁。

④ 丁福保輯:《清詩話》(上海:上海古籍出版社,1978),上册,第24頁。

東川七律,故難與少陵、右丞比肩,然自是"安和正聲"。自明代嘉(靖)、隆(慶)諸子奉為圭臬,又不善學之,祇存膚面,宜招毛初晴太史之譏也。然譏諸子而痛掃東川,毋乃因噎廢食乎?①

這是指毛奇齡(大可,1623-1716)在其《唐七律選》中因不滿後七子而連李頎在七律上的藝術成就也一併抹殺。毛氏這樣說:

舊唐名家多以王(維)、孟(浩然)、岑(參)並稱,雖襄陽(劉長卿)、嘉州(岑參)與輞川(王維)並肩而不並,然尚可以並題。至嘉、隆諸子以李頎當之,則頎詩膚俗,不啻東家矣。明詩祇顧體面,總不生活,全是中是君惡習,不可不察也。②

沈氏既不認同後七子對李頎的過高推崇,卻又認為毛奇齡因對後七子的不滿而對李頎也一併抹殺是不公平的。由此可見其客觀與理性的一面。沈氏雖將李頎七首盡録,但是認為杜甫與王維的成就實遠較李頎為高。在《唐詩別裁集》卷一三中,他對杜甫的七律有如下的高度評價:

杜七言律有不及者四:學之博也,才之大也,氣之盛也,格之變也。五色藻繢,八音和鳴,後人如何彷彿?王摩詰七言律風格最高,復饒遠韻,為唐代正宗。然遇杜《秋興》、《諸將》、

① 沈德潛選評:《唐詩別裁集》(香港:中華書局,1977),卷一三,第185頁。
② 轉引自孫琴安:《唐七律詩精評》(上海:上海社會科學院出版社,1989),第24頁。

《詠懷古跡》等篇，恐瞠乎其後，以杜能包王，王不能包杜也。[①]

這就已將杜甫與王維在七律的成就上又作了進一步的微分。沈德潛對王維的七律其實已作了極高的評價，"風格最高，復饒遠韻，為唐代正宗"之殊榮似已無可復加。然而，沈氏認為王維在七律仍不及杜甫之處，乃在"杜能包王，王不能包杜"，應是指杜甫的七律在風格的變化("不及者四"中的"格之變")上遠較王維優勝。沈氏這個觀點可從其在杜甫五律的總評上再得進一步的肯定：

> 杜詩近體，氣局闊大，使事典切，而人所不可及處，尤在錯綜任意，寓變化於嚴整之中，斯是凌轢千古。[②]

在(七律)《秋興八首之八》後論：

> 懷鄉戀闕，弔古傷今，杜老生平俱於見此。其才氣之大，筆才之高，天風海濤，金鐘大鏞，莫能擬其所到。[③]

在《投贈哥舒開府翰二十韻》後論：

> 有氣象，有神力，開合變化，自中規矩，長律以少陵為至。元(稹)白(居易)動成百韻，頽然自放矣。[④]

① 沈德潛選評:《唐詩別裁集》(香港:中華書局,1977),卷一三,第188頁。
② 沈德潛選評:《唐詩別裁集》(香港:中華書局,1977),卷一〇,第150頁。
③ 沈德潛選評:《唐詩別裁集》(香港:中華書局,1977),卷一四,第192頁。
④ 沈德潛選評:《唐詩別裁集》(香港:中華書局,1977),卷一七,第234頁。

即是競以韻長為矜，則難於變化，反成累贅。杜甫的才、學、氣、格，在沈氏眼中，可謂曠古爍今，後人難以比擬。

七、總結

《唐詩別裁集》這一選本的重要之處乃在於突破《唐詩選》所遺留而尚未解決的詩學困局。首先，從詩史觀而言，沈德潛肯定唐詩的成就，但更著眼於近體詩之勃興對"詩教"與古詩之害；沈氏又以承傳的詩史觀，將唐代古詩與漢、魏古詩的傳統銜接，強調精神上的延續的重要性。換言之，詩可以復古，而重要的是復古者能在模擬古人作品中創造出屬於個人的精神面貌。故此，對沈氏而言，唐有五言古詩，亦有其古詩。這種不拘一隅的詩史觀具體地體現於《唐詩別裁集》中不以初、盛、中、晚分期的體例上，這便突破李攀龍《唐詩選》的桎梏於"四唐説"的困局。此外，《唐詩別裁集》立意在詩學上批判性地回應《唐詩選》，在"唐無五言古詩，而有其古詩"、七律之争以至於五絶之冠誰屬等極富争議性的詩學問題上，沈氏均在選本中逐一與李氏以至於相關論者對話，出入史書與參考前人選本，或引或駁，俱見用心良苦。更重要的是，他在密密麻麻的箋注中為自己的論斷梳理出令人信服的脈絡來，論證深入，舉凡句法、章法以至於創作與閱讀技巧，均逐一指出，洞若明燭。準此而言，沈德潛以其學者的博識、詩人的靈敏，貫注於《唐詩別裁集》之中，突破了李攀龍《唐詩選》之局限並修正了其詩論的偏頗之處，成為明代以來的唐詩選本中的集大成者，殆無可疑。

第四章 詩學與政治的張力:沈德潛詩論中的“温柔敦厚”

一、前言

歷來文學批評史上,有關沈德潛的詩學論述均過於集中討論格調説以及其詩學主張與當時官方意識形態的關係,對其“温柔敦厚”的詩論則未予以足夠的重視。在既有的少數有關其“温柔敦厚”的研究中,亦大多從政治方面作發揮,至於沈氏提出這一詩學概念的時代背景及其與明代復古詩派的詩學傳承關係,以至於這一詩論在其詩學體系中的位置,則仍未有足夠深入的論述。

這一章先從清初官方所推行的文藝政策出發,藉此瞭解沈德潛倡導“温柔敦厚”之時代背景。然後,我們將集中探討的是沈氏“温柔敦厚”的詩説與明代復古詩派、清初王士禛的神韻説以及袁枚的性靈説之間的詩學關係,從而揭示此詩學概念在其詩學系統中的位置。

二、清初的文字獄及其文藝政策

1. 文字獄

在清初,南方仍存在南明政權。鄭成功(明儼,1624 - 1662)亦在臺灣繼續抗清的活動。至於國内亦不乏反清遺民,清廷故而有加強對意識形態的控制的必要。有學者便指出,順治(福臨,1638 - 1661;1643 - 1661 在位)、康熙、雍正三朝累興文字獄,及至乾隆統治期間更達到了頂峰。此時文字獄不僅規模大,牽連廣,而且次數也特别多。據統計,乾隆在位六十年間,大小文字獄即有一百三十件以上。① 由於文字獄的威脅,清代詩風亦為之改變,故而文壇上便有"清真雅正"詩風的倡議,這正是清廷入關以來一直所努力經營與期待的結果。

2."清真雅正"的提出

現在讓我們檢溯在雷厲風行的文字獄背後,清廷一直努力營構的官方意識形態的過程。清初著名學者方苞(鳳九,1668 - 1749)在《欽定四書文凡例》中提出:

> 凡所取録,以發明義理、清正古雅、言必有物為宗。②

---

① 見郭成康、林鐵均:《清朝文字獄》(北京:群衆出版社,1990),第 24 頁。有關清代的查禁書目及文字獄的事件,可參王彬:《禁書·文字獄》(北京:中國工人出版社,1992),第 119 - 172、321 - 365 頁。

② 見方孝岳:《中國文學批評》(北京:三聯書店,1986),第 203 頁。

清中葉的梁章鉅(閎中,1775－1849)在其《製義叢話》裏對朝廷推行的文藝政策亦有如此記載:

> 雍正十年,始奉特旨,曉諭考官,所拔之文,務令清真雅正,理法兼備。

至於官方修輯的《四庫全書總目》中的《欽定四書文》則指出:

> 乾隆元年,内閣學士方苞奉敕編《明文》。……明洪武初,定科舉法,亦兼用經疑。後乃專用經義,其大旨以闡發義理為宗。厥後其法日密,其體日變,其弊亦遂日生。有明二百餘年,自洪、永以迄化、治,風氣初開,文多簡樸。逮於正、嘉,號為極盛。隆、萬以機法為貴,漸趨佻巧,至於啓、禎,警辟奇傑之氣日勝,而駁雜不醇,猖狂自恣者,亦遂錯出於其間。於是啓橫議之風,長傾詖之習,文體盭而士習彌壞,士習壞而國運亦隨之矣。我國家景運聿新,乃反而歸於正軌;列聖相承,又皆諄諄以士習文風勤頒誥誡。我皇上復申明"清真雅正"之訓。①

乾隆反復申明"清真雅正"之訓,將他指導文風的意圖暴露無遺。此"訓"的反復申明乃鑒於明末文風敗壞而士習隨之亦壞,繼而禍及國運。這是自古已有的觀念,如元末明初的楊維楨便曾被斥為

① 參見方孝岳:《中國文學批評》(北京:三聯書店,1986),第203頁。

"文妖",①明末清初的錢謙益亦斥竟陵派的鍾惺和譚元春為"詩妖",並將明朝覆亡歸咎於鍾、譚二人所倡導的文風所致。② 明白文風與國運相繫的觀念後,便不難明白清初至乾隆時代,官方何以一直鼓吹"清真雅正"、"清平廣大",以至於重倡儒家"溫柔敦厚"的詩教了。當然,背後蘊藏的更是清朝統治中原後為確保基業免受推翻的警惕性。官方提倡"清真雅正",表面上是發揚儒家傳統以統治讀書人,而實際上是可藉此鏟除一切對其政權存在造成或可能造成的威脅。

3. 藉選集以箝制思想

清廷確保其政權穩定的其中一個方式,便是藉選本以達到鏟除威脅與控制意識形態之效。據記載,由康熙四十二年(1703)至乾隆十五年(1750)這四十七年間,清廷便進行過五次的選詩,而且都由皇帝所定或親自選取。據《四庫全書總目》記載,康熙四十二年(1703)編成《御定全唐詩九百卷》。康熙四十八年(1709)編《御定四朝詩三百一十二卷》:宋詩七十八卷,作者八百八十二人;金詩二十五卷,作者三百二十一人;元詩八十一卷,作者一千一百九十七人;明詩一百二十八卷,作者三千四百人。康熙五十年(1711)編《御定全金詩七十四卷》。康熙五十二年(1713)編《御選唐詩三十

① 明人王彝便作有《文妖》一文專以攻擊楊維楨,見郭紹虞主編:《中國歷代文論選》(上海:上海古籍出版社,1996),第2冊,第478頁。

② 錢謙益在《列朝詩集》中以"詩妖"抨擊鍾惺與譚元春,見錢陸燦編:《列朝詩集小傳》(上海:中華書局上海編輯所,1961),中冊,丁集,第571頁。

二卷附録三卷》。乾隆十五年(1750)編《御選唐宋詩醇四十七卷》。[①] 由此頻繁而大規模的編收選本可見,清廷對文壇之動態,極為關注。有論者便認為,這是清廷一方面急於在文治方面有所表現,[②]另一方面亦是籠絡文士,[③]藉以加強思想上的控制。而清廷對文壇的具有戰略性的關注,亦的確即時産生效應,如施閏章(尚白,1618－1683)便曾説:

> 今天子湛深古學,喜聲詩,使先生(馮溥)日進其所撰,豈不足以鼓吹正始也哉!竊嘗論詩文之道,與治亂終始,先生則喟嘆曰:"宋詩自有其工,採之可以綜正變焉,近乃欲祖宋、元而祧前,古風漸以不競,非盛世清明廣大之音也。願與子共振之。"[④]

---

① 見永瑢等撰:《四庫全書總目》(北京:中華書局,1987),下册,卷一九〇,第1725頁上、1725頁下、1727頁上、1728頁上。關於清初官方的選集,方孝岳認為清初幾部御選的詩文集,例如《古文淵鑒》、《唐宋詩醇》、《唐宋文醇》、《欽定四書文》等等,都可以代表政府裏一班人所鼓吹的心理。見方孝岳:《中國文學批評》(北京:三聯書店,1986),第200頁。實際上,編選集正是清廷藉以控制意識形態的一種策略。

② 周勛初便認為以曹寅為首的《全唐詩》編修接受這項任務後,祇花了一年零五個月就大功告成,目的是在追求速效,康熙對此極為滿意,因為這正與他要在文治上急於有所表現的願望相符。見周勛初:《康熙御定〈全唐詩〉的時代印記與局限》,《中國文哲研究通訊》,1995年第2期(6月),第3頁。

③ 康熙十八年的博學鴻詞試便是籠絡遺民文人以加強統治的策略之一。相關論述可參馬積高:《清代學術思想的變遷與文學》(長沙:湖南人民出版社,1996),第62頁。

④ 施閏章:《佳山堂詩序》,《學餘堂文集》(臺北:商務印書館,1972),第1册,卷七,第91頁。

天子既喜詩歌，亦留意文壇發展，做臣子的便不再以自己的文學趣向為主了，而是隨著官方意識形態方向而倡"清明廣大"的詩風，甚至因此而排斥不合"温柔敦厚"的宋詩、元詩。施閏章所期許的正是以上官方在《四庫全書總目》中所關切的"詩文之道，與治亂終始"。施閏章論詩主學問，重情感，又緊隨官方倡導的"温柔敦厚"與"清明廣大"的方向。[①] 在表現手法上，他倡比興，主含蓄，又反對詩中説理：

> 古人詩入三昧，更無從堆垛學問，正如眼中著不得金屑。坡公謂浩然詩韻高才短，嫌其少料。評孟良是，然坡詩正患多料耳。坡胸中萬卷書，下筆無半點塵，為詩何獨不然？[②]

其排擊宋詩之原因在於宋詩太露、好議論，不合其詩趣；另一方面亦因為宋詩未能符合官方"清明廣大"與"温柔敦厚"的要求。北宋蘇軾（子瞻，1037－1101）之好以議論入詩，譏諷朝廷而獲罪的"烏臺詩案"正好是給時人一個警戒。施氏之見正與上述所引的《四庫全書總目》抨擊明代天啓、崇禎年間"横議之風"以至於"長傾詖之習，文體盭而士習彌壞，士習壞而國運亦隨之"的觀點，實是異曲同工。

當時與施閏章並稱"南施北宋"的宋琬（玉叔，1614－1674）亦對錢謙益《列朝詩集》不合"清明廣大"之音而大肆抨擊，在《趙雍客詩序》中，他説：

① 施閏章：《學餘堂文集》（臺北：商務印書館，1972），第80頁。
② 施閏章：《學餘堂文集》（臺北：商務印書館，1972），第378頁。

> 夫詩之有初盛中晚也，猶《風》、《雅》之有正變也。運會遷流，作者初不自知，而其畛域判然如寒暑、黑白之不可淆。自虞山之《詩選》出，二學者無所折其衷。其言曰："詩，一而已，無所為初、盛、中、晚也。"於是，心耳淺薄之士，往往奉為蓍蔡，以平膚汗漫為容與；以便儇粗率為簡易；以稗官俚説、里巷卑瑣之音為典要。率天下而出於是，豈復有詩也哉！夫季札，吴之賢公子也。適魯觀樂，知列國之興亡，而自鄶以下無譏焉，非以其音寒節促與清明廣大異耶！①

從這時期清廷對"清明廣大"的盛世之音與"温柔敦厚"的詩教的倡導，以及施閏章與宋琬的推波助瀾可以推測，當時文壇已在清廷的控制之下，並以這兩個詩學觀念加強官方意識形態的建構以及對讀書人思想的控制。

4. 控制思想的策略轉型

四庫館臣之重要人物紀昀在乾隆欽定的《唐宋詩醇》中對清初的詩壇有如下剖析：

> 國初多以宋詩為宗，宋詩又弊。士禎乃持嚴羽餘論，倡神韻之説以救之。故其推為極軌者，惟王、孟、韋、柳諸家。然《詩》三百篇，尼山所定，其論詩，一則謂歸於温柔敦厚，一則謂可以興觀群怨。原非以品題泉石，摹繪煙霞。洎乎畸士、逸人，各標幽賞，乃別為山水清音，實詩之一體，不足以盡詩之全

---

① 宋琬著，辛鴻義、趙家斌點校：《宋琬全集》（濟南：齊魯書社，2003），第17頁。

> 也。宋人惟不解温柔敦厚之義,故意言並盡,流而為鈍根。士禎又不究興觀群怨之原,故光景流連,變而為虛響。各明一義,遂各倚一偏。論甘忌辛,是丹非素,其斯之謂歟!茲逢我皇上聖學高深,精研六義,以孔門删定之旨,品評作者,定此六家,乃共識風雅之正軌。……實深為詩教幸,不但為六家幸也。①

這段文字共有三點值得注意:一是宋詩之弊在於不解"温柔敦厚"之義;二是批評王士禛的"神韻"説"不究興觀群怨之原"、"光景流連,變而為虛響";三是重申傳統的儒家"温柔敦厚"的詩教為風雅之正軌。紀昀在此的目的明顯不過,就是響應官方的文學為政治服務的號召。

宋詩之被排斥,正在其不合"温柔敦厚"之詩旨。而所謂的"孔門删定之旨",隱含的正是"聖學高深,精研六義"的乾隆以皇帝之姿干預當時的詩壇。乾隆此際亟亟提倡的是"共識風雅之正軌"的詩教,亦即意圖將不同的詩論納入其官方意識形態所設定的框框之中。至於王士禛的"神韻"説被指為"虛響",不合時宜,實與清廷所建構的官方意識形態有莫大的關係。

三、"神韻"與清初的官方意識形態

由以上紀昀在《〈唐宋詩醇〉纂校後案》的批評指向可見,清廷對意識形態的控制策略已從清初在科舉、制策上的強行同化,到乾

① 見紀昀:《纂校後案》,乾隆選評、冉苒校點:《唐宋詩醇》(北京:中國三峽出版社,1997),上卷,第4-5頁。

隆時代已轉向對文壇作出明顯的干預。紀昀所批評的正是以倡“神韻”而聞名於世的清初詩壇盟主王士禛。

王士禛早歲在揚州為推官時所作最為馳名的《秋柳》組詩，便曾被認為是悼念明朝之作。乾隆年間，工部尚書彭元瑞（掌仍，1731－1803）便“掎摭”這四首詩的“語疵”，使王氏幾乎因此而陷於文字獄。① 其實，王士禛論詩本亦主“温柔敦厚”，衹是現在一般的文學批評史甚至當時的人，皆純粹以“神韻”視作其唯一的論詩宗旨，而不知“温柔敦厚”在王氏詩論中佔有極重要的位置。② 故而有論者便認為從清初官方提倡的“清真雅正”、“清明廣大”到王士禛的“神韻”再下及沈德潛的“温柔敦厚”之相繼出現，實乃一脈相承。③ 事實果真如此嗎？假如“神韻”與沈德潛的“温柔敦厚”乃一脈相承，何以乾隆既批評王士禛的神韻説而又青睞沈德潛的温柔敦厚説？

其實，歷來很多論者均没注意到清初重臣徐乾學（原一，1631－1694）在其為王士禛撰寫的《十種唐詩選序》中所透露的王氏詩論與政治之間的重要關係：

---

① 相關論述可參劉世南：《清詩流派史》（臺北：文津出版社，1995），第206頁。

② 方孝岳指出沈德潛的“温柔敦厚”其實是引申自王士禛的詩論。見方孝岳：《中國文學批評》（北京：三聯書店，1986），第223頁。

③ 楊松年認為：“主張詩情表露應温柔婉曲的詩論者，也常常強調詩必須有餘味。……在這一點，就和重神韻、重言外之致的詩説有共通的地方。”見楊松年：《温柔敦厚，詩教也——試論詩情之本質與表達》，《中國古典文學批評論集》（香港：三聯書店，1987），第280頁。然而，一般文學批評史則多將王士禛與沈德潛的詩論視為官方意識形態而加以鞭撻。例如，成復旺、黄保真、蔡鍾翔：《中國文學理論史：明清鴉片戰爭前時期》（臺北：洪葉文化事業出版有限公司，1994），第536頁；袁志彬：《沈德潛及其杜詩論（續）》，《杜甫研究學刊》，1995年第4期，第25頁。

詩之為教,主於温柔敦厚,感發性情,無古今之别。……唯恐稍涉凌厲,有乖温柔敦厚之旨,亟亟乎其斂而抑之也。其於三百篇之意,庶幾有合矣乎。先生金口木舌以警學者,既引有唐諸公為之證據,又别裁僞體,使成善本,用心苦矣。[1]

作為相知四十年的知交,徐乾學對王士禛的詩論與用心必然有相當準確的把握,否則王氏斷不會請他作序並將之置於卷首。由徐氏對王氏論詩與選詩宗旨的介紹,王氏絶對是傳統儒家詩教的信徒。王氏選詩,如徐氏所説的"意寄深遠"、"機趣藴蓄"、"能略得六義之遺者為宗",即是説"有乖温柔敦厚之旨,亟亟乎其斂而抑之也",不合"温柔敦厚"之旨,皆不在選録之列。然而,是甚麽原因導致王氏要"金口木舌以警學者"呢? 而他又如何能以神韻説主導清初詩壇呢?陳衍(叔伊,1856－1937)在《小草堂詩集敘》中便指出:

道、咸以前,則慑於文字之禍,吟詠所寄,大半模山範水,流連景光。即有感觸,決不敢顯然露其憤懣,間借詠物、詠史,以附於比興之體。[2]

這種"流連景光"的特徵,正是紀昀在《〈唐宋詩醇〉纂校後案》中對神韻説的批評;而恰恰正是王氏的這種惝怳朦朧之詩風,成就了其獨具一格的神韻説;亦因為這種詩風,王氏可於詩中寄存個人的真實情懷(包括對前朝敗亡之哀),又免於文字獄,故而成為清初詩壇

① 見王士禛:《十種唐詩選》(臺北:廣文書局,1971),第3－4頁。
② 陳衍:《石遺先生集》(板橋:藝文印書館,1964),卷四。

盟主。① 當然,官方需要的是盛世之音,自然不會亦不能瞭解王士禛之良苦用心了。

由此可見,無論是清初官方提倡的“清真雅正”,還是“清明廣大”,實際上都是清廷所採取的種種箝制思想與高壓統治手段之必要的文藝策略;至於王士禛的“神韻説”,亦乃在此文藝政策底下的必然結果。那麼,為何在這樣的氛圍底下,沈德潛提倡的温柔敦厚詩論能蔚為大宗?

四、“温柔敦厚”的不同闡釋

《禮記·經解》載,孔子(仲尼,前551－前479)曰:“入其國,其教可知也。其為人也,温柔敦厚,詩教也。”鄭玄(康成,127－200)注曰:“《詩》敦厚,近愚。”然而,就詩教而言,温柔敦厚是詩教之“正”,憤怒激越是詩教之“變”。孔子自已常怨以怒,而且其詩教也並不排斥怨而怒之詩。《詩經》中怨與怒的作品,不在少數。可以説,温柔敦厚者,乃詩教之常;憤怒激越者,乃詩教之變。孔子曰:“其為人也,温柔敦厚而不愚,則深於詩者也。”孔子本人,正可謂“深於詩者”。唐代的孔穎達(仲達,574－648)《禮記正義》對此解釋説:“詩依違諷諫,不指切事情,故云温柔敦厚是詩教也。”一般人不深究孔子對詩教的理解,誤以為其詩教就止於温柔敦厚而已,當政者特别是入主中原不久的清廷亦當然樂於見到“清明廣大”的盛

① 有關王士禛倡“神韻説”以避禍之論,可參馬積高:《清代學術思想的變遷與文學》(長沙:湖南人民出版社,1996),第69－70頁;蕭華榮:《中國詩學思想史》(上海:華東師範大學出版社,1996),第336頁。至於神韻説之所以能主導清初詩壇及神韻説與“清真雅正”的關係,可參方孝岳:《中國文學批評》(北京:三聯書店,1986),第200、203－204頁。

世之音,但這其中自有反抗的聲音。

以下將以明末清初的詩論大家黄宗羲(太沖,1610－1695)與葉燮對於"温柔敦厚"的闡釋,以與沈德潛詩學中的"温柔敦厚"作比較。這樣,便可以突出"温柔敦厚"在明末至沈氏時代的不同角度的詮釋。有這樣的比較,可以讓我們較為容易地把握"温柔敦厚"在沈氏詩學體系中的位置及其作用。

黄宗羲在《陳葦庵年伯詩序》中對"温柔敦厚"有如下理解:

> 《風》自《周南》、《召南》,《雅》自《鹿鳴》、《文王》之屬以及三《頌》,謂之正經,懿王、夷王而下訖於陳靈公淫亂之事,謂之變風、變雅,此説詩者之言也。而季札聽詩,論其得失,未嘗及變;孔子教小子以可群可怨,亦未嘗及變。然則正變云者,亦言其時耳,初不關於作詩者之有優劣也。美而非諂,刺而非訐,怨而非憤,哀而非私,何不正之有?①

基於這樣的理解"正"、"變",黄宗羲在《縮齋文集序》中稱許他的弟弟黄宗會(澤望,1622－1680)的詩作:

> 澤望之為詩文,高厲遐清。其在於山,則鐵壁鬼谷也;其在於水,則瀑布亂礁也;其在於聲,則猿吟而鸛鶴咳且笑也;其在平原曠野,則蓬斷草枯之戰場,狐鳴鴟嘯之蕪城荒殿也;其在於樂,則變徵而絶弦也。蓋其為人,勁直而不能屈己,清剛而不能善世,介特寡徒,古之所謂隘人也。隘則胸不容物,並

① 黄宗羲:《陳葦庵年伯詩序》,《黄宗羲全集》(杭州:浙江古籍出版社,1985),第10册,第45頁。

> 不能自容。其以孤憤絶人,彷徨痛哭於山巔水澨之際,此耿耿者終不能下,至於彭脹而卒,宜矣!①

由黄氏兄弟的詩歌風格與詩論主張可見,明遺民推崇的詩歌風格是迥然不同於清廷的文藝政策的。然而沈德潛言詩的"正"與"變",卻得出與黄宗羲截然不同的結論。在沈氏而言,《離騷》中的怨懟便是"變",是"侘傺噫鬱之音",因肯定其忠君憂國之思而不在排斥之列,但顯然是"正"、"變"有别,假若"侘傺噫鬱之音"非出自屈原這樣的忠臣之口,那當然是在排斥之列了。然而,黄宗羲卻直接將"美而非諂,刺而非訐,怨而非憤,哀而非私"之作視作"正"。兩者之别顯然在於兩人的身份與心態之不同:黄氏秉持的乃遺民對於明朝覆亡之痛,故而肯定悲憤之作;及至沈氏之際,這一輩的文人大抵已没有明遺民對清之仇視心態,故而注重的乃是詩歌的社會效應。

現在再讓我們看看黄宗羲與沈德潛二人如何處理"温柔敦厚"在詩歌上的表現手法。黄氏説:

> 蓋詩之為道,從性情而出,人之性情,其甘苦辛酸之樂未盡,則世智所限,易容埋没。……詩之為温厚和平……寄心冥漠,亦是甘苦辛酸之跡未泯也。②

這裏強調的是詩人的性情流露。在《金介山詩序》中,黄氏又稱許

① 黄宗羲:《黄宗羲全集》(杭州:浙江古籍出版社,1985),第10冊,第12頁。

② 黄宗羲:《黄宗羲全集》(杭州:浙江古籍出版社,1985),第10冊,第46頁。

其友人金介山没有“詩必盛唐”的桎梏，直抒胸臆，道出作為遺民之悲憤，絶不為了近世好“温柔敦厚”之名而矯揉造作，埋没個人對世情的真感受。而且，他指出，即使是後人所推許恬淡自適的陶淵明(元亮，365－427)，也是抒情高手，但這並不妨礙其詩之“温柔敦厚”。此乃其所謂“温柔敦厚之教，見於詩外也”。這是需要去仔細體味方可領略的。① 故而，黄宗羲在《黄孚先詩序》中抨擊時人的“無性情”②。黄氏指出當時的人“無性情可出”是不無道理的。在嚴苛的政治態勢底下，動輒誅連九族，隱没個人的真情感纔是上策。這亦正是何以王士禛之“神韻”之説被視為乃出於自保而為惝恍之詩説。③ 黄氏在這裏強調的是盡情發洩勃發於中的情感，而稱之為“温柔敦厚”。相對來説，沈德潛論詩亦重真性情，而其表現手法則大異於黄氏：

> 古人意中有不得不言之隱，值有韻語以傳之。如屈原“江潭”、伯牙“海上”、李陵“河梁”、明妃“遠嫁”，或忼慨吐臆，或沈結含悽，長言短歌，俱成絶調。若胸無感觸，漫爾抒詞，縱辦風華，枵然無有。④

相對黄宗羲的偏向直抒胸臆，沈氏重詩的“蘊蓄”，因而言比興：

① 黄宗羲:《黄宗羲全集》(杭州:浙江古籍出版社,1985),第10冊,第88頁。

② 黄宗羲:《黄宗羲全集》(杭州:浙江古籍出版社,1985),第10冊,第30頁。

③ 如馬積高所説的王士禛的神韻詩風乃“避實就虚”以免獲罪,見《清代學術思想的變遷與文學》(長沙:湖南人民出版社,1996),第69－70頁。

④ 沈德潛:《説詩晬語》,卷上,第4條,見霍松林、杜維沫校注:《原詩·一瓢詩話·説詩晬語》(北京:人民文學出版社,1998),第187頁。

> 事難顯陳，理難言罄，每託物連類以形之。鬱情欲舒，天機隨觸，每借物引懷以抒之。比興互陳，反覆唱歎，而中藏之懽愉慘戚，隱躍欲傳，其言淺，其情深也。倘質直敷陳，絶無蘊蓄，以無情之語而欲動人之情，難矣。①

又説：

> 諷刺之詞，直詰易盡，婉道無窮……蘇子所謂不可以言語求而得，而必深觀其意者也。②

沈德潛既言比興，所強調的皆是"言淺而情深"。矛盾的是，質直敷陳，雖然絶無蘊蓄，但又何至於稱之為"無情之語"呢？這裏所謂的"無情之語"並非指没有感情，而是指言語上過於激烈而招人反感，反而難以令人産生共鳴。沈德潛在《説詩晬語》中一直堅持含蓄委婉之道，立意要正，稱許《廬江小吏妻》"悲愴之中，自足温厚"③，抨擊唐人《棄婦詞》為"輕薄之言，了無餘味"④。既不廢詩可怨可諷的原義，然卻又非常強調措詞要委婉，重言外之意，説："諷刺之詞，

① 沈德潛：《説詩晬語》，卷上，第 2 條，見霍松林、杜維沫校注：《原詩·一瓢詩話·説詩晬語》（北京：人民文學出版社，1998），第 187 頁。
② 沈德潛：《説詩晬語》，卷上，見霍松林、杜維沫校注：《原詩·一瓢詩話·説詩晬語》（北京：人民文學出版社，1998），第 190－191 頁。
③ 沈德潛：《説詩晬語》，卷上，見霍松林、杜維沫校注：《原詩·一瓢詩話·説詩晬語》（北京：人民文學出版社，1998），第 200 頁。
④ 沈德潛：《説詩晬語》，卷上，見霍松林、杜維沫校注：《原詩·一瓢詩話·説詩晬語》（北京：人民文學出版社，1998），第 200 頁。

直詰易盡,婉道無窮。"①又説:

> 莊姜賢而不答,由公之惑於嬖妾也。乃《碩人》一詩,備形族類之貴,容貌之美,禮儀之盛,國俗之富,而無一言及莊公,使人言外思之,故曰"主文譎諫"。②

> 宣王,中興主也,然其後或宴起,或料民,至廢魯嫡,殺杜伯,而君德荒矣。詩人於東都朝會時,終之以"允矣君子,展也大成",何識之遠而諷之婉也? 漢人《長楊》、《羽獵》,那能有此?③

亦因為對"怨"與"諷"委婉含蓄的強調,沈德潛蔑薄宋詩之淺率粗鄙而缺乏含蓄深蘊之美:

> 宋初臺閣倡和,多宗義山,名"西昆體"。梅聖俞、蘇子美起而矯之,盡翻科臼,蹈厲發揚,才力體制,非不高於前人,而淵涵渟滀之趣,無復存矣。④

他這樣比較唐、宋詩之别:

---

① 沈德潛:《説詩晬語》,卷上,見霍松林、杜維沫校注:《原詩・一瓢詩話・説詩晬語》(北京:人民文學出版社,1998),第190頁。
② 沈德潛:《説詩晬語》,卷上,見霍松林、杜維沫校注:《原詩・一瓢詩話・説詩晬語》(北京:人民文學出版社,1998),第192頁。
③ 沈德潛:《説詩晬語》,卷上,見霍松林、杜維沫校注:《原詩・一瓢詩話・説詩晬語》(北京:人民文學出版社,1998),第193頁。
④ 沈德潛:《説詩晬語》,卷上,見霍松林、杜維沫校注:《原詩・一瓢詩話・説詩晬語》(北京:人民文學出版社,1998),第233頁。

唐詩蘊蓄，宋詩發露。蘊蓄則韻流言外，發露則意盡言中。①

這樣便不難明白何以他在唐、宋詩上有所偏向了。② 唐詩的“蘊蓄”正合“温柔敦厚”，宋詩的“發露”很可能是殺身之源，尤以當世嚴苛的政治氛圍更甚。

同樣，沈氏對於“温柔敦厚”的理解與其師葉燮亦相當不同。葉燮在《原詩》中說：

大抵近時詩人……襲古來所云忠厚和平、渾樸典雅、陳陳皮膚之語，以為正始在是，元音復振，動以道性情、託比興為言。其詩也，非庸則腐，非腐則俚。③

在此，葉氏對儒家詩教的批評可謂相當嚴厲，然而其所批評的正是作為其弟子的沈德潛日後所大力提倡而又備受乾隆所推崇的“温柔敦厚”。葉氏認為“温柔敦厚”有“體”與“用”之分，先秦儒家的“温柔敦厚”之詩說乃“體”，後世因為世道之不同而產生變異的

① 見沈德潛：《凡例》，《清詩別裁集》（香港：中華書局，1977），第 3 頁。

② 沈德潛嘗自言：“德潛於束髮後，即喜鈔唐人詩集……迄今幾三十年，風氣駸上，學者知唐為正軌矣。”見沈德潛選評：《唐詩別裁集》（香港：中華書局，1977），第 1 頁。但是他也說並沒有因喜唐詩而貶斥宋、元詩，晚年在門人陳明善的協助下也編選了《宋金三家詩選》。相關論述，可參陳岸峰：《別裁偽體歸雅正：論沈德潛編選的六種選本》，《九州學林》，2005 年第 1 期（春季），第 285 – 292 頁。

③ 葉燮：《原詩》，内篇（下），第 6 條，見霍松林、杜維沫校注：《原詩 · 一瓢詩話 · 說詩晬語》（北京：人民文學出版社，1998），第 34 頁。

"温柔敦厚"乃"用",是可以理解及接受的,故而無須"執而泥之"。[①] 同樣論及《詩經·小雅·巷伯》,沈德潛這樣解釋:

> 《巷伯》惡惡,至欲"投畀有北",何嘗留一餘地?然想其意,正欲激發其羞惡之本心,使之同歸於善,則仍是温厚和平之旨也。《牆茨》、《相鼠》諸詩,亦須本斯意讀。[②]

對同一首詩竟有如此迥然不同的詮釋,完全基於兩人對"温柔敦厚"的不同理解。葉燮乃就字面的意思理解,故而認為這首詩不合"温柔敦厚"。沈德潛何嘗不明瞭這首詩的字面意思?他是從《詩經》中收録這首詩的目的("想其意")出發,認為是為了激發讀者的"羞惡之本心,使之同歸於善",故而認為"仍是温厚和平之旨也"。

另一方面,葉燮乃以"變"而言"温柔敦厚",故而認為不同朝代有不同朝代的"温柔敦厚",強調"作者神而明之",即是説没有特定的"温柔敦厚"的典範。相對來説,沈德潛則認為"温柔敦厚"有"極則":

> 《州吁》之亂,莊公致之,而《燕燕》一詩,猶念"先君之思"。七子之母,不安其室,非七子之不令,而《凱風》之詩,猶

① 葉燮:《原詩》,内篇(上),見霍松林、杜維沫校注:《原詩·一瓢詩話·説詩晬語》(北京:人民文學出版社,1998),第7頁。

② 沈德潛:《説詩晬語》,卷上,第29條,見霍松林、杜維沫校注:《原詩·一瓢詩話·説詩晬語》(北京:人民文學出版社,1998),第194頁。沈德潛強以"温柔敦厚"釋《巷伯》這樣直刺的詩,招來不少批評,如參見敏澤:《中國文學理論批評史》(北京:人民文學出版社,1981),下册,第906頁。

云"莫慰母心"。温柔敦厚,斯為極則。①

因此他極其推崇杜詩,因而有《杜詩偶評》垂世,作為學詩典範。

有不少學者將沈德潛的"温柔敦厚"置於由清初施閏章鼓吹的"清明廣大"之音,以至於官方所推行的"清真雅正"的意識形態脈絡之內。② 事實真的如此嗎?清初詩壇中的"温柔敦厚"實有兩種不同的指涉:一種是明朝遺民詩人所謂的"温柔敦厚",往往多激烈之詞,不合傳統儒家的詩教觀;另一種則是清廷及受官方影響的文人所強調的"温柔敦厚"、"清平廣大"或"清真雅正"。前者乃因世變而對"温柔敦厚"形成另一種觀點,而後者則出於統治的需要,是清廷自建國以來所努力營構的官方意識形態的延續。沈德潛在《説詩晬語》中有一段話可讓我們進一步理解其"温柔敦厚":

> 《離騷》者,《詩》之苗裔也。第《詩》分正變,而《離騷》所際獨變,故有侘傺噫鬱之音,無和平廣大之響。讀其詞,審其音,如赤子婉戀於父母側而不忍去。要其顯忠斥佞,愛君憂國,足以持人道之窮矣。尊之為"經",烏得為過?③

他將《離騷》與《詩經》分別視作"變"與"正"之分。因為《離騷》是"變",故而有"侘傺噫鬱之音",這是相對於《詩經》的"和平廣大之

① 見霍松林、杜維沫校注:《原詩·一瓢詩話·説詩晬語》(北京:人民文學出版社,1998),第 191 頁。

② 馬積高認為沈德潛的詩論乃文字獄高壓手段之下的産物,見《清代學術思想的變遷與文學》(長沙:湖南人民出版社,1996),第 123 頁。

③ 沈德潛:《説詩晬語》,卷上,第 36 條,見霍松林、杜維沫校注:《原詩·一瓢詩話·説詩晬語》(北京:人民文學出版社,1998),第 196 頁。

音”而言的。雖則“正”、“變”有等差,然而沈氏也肯定詩可以怨:

《天問》一篇,雜舉古今來不可解事問之,若己之忠而見疑,亦天實為之。思而不得,轉而為怨,怨而不得,轉而為問,問君加他人不得,不容不問之天也。此是屈大夫無可奈何處。①

然而,他又強調詩歌在宣洩個人情緒上不應過於激烈:

人有不平於心,必以清比己,以濁比人;而《谷風》三章,轉以涇自比,以渭比“新昏”,何其怨而不怒也?②

又說:“《九章》感悟無由,沈淵已決,不覺其激烈而悲愴也。”③總的來說,沈氏的“和平廣大之音”與清初的“清真雅正”、宋琬等人的“清明廣大之音”並不相同;而且,其不同於官方文藝政策的是,他衹是就詩論詩的純文學上的討論,並沒有足夠資料證明其所提出的“温柔敦厚”有任何政治傾向。

而另一個使沈德潛非常強調儒家温柔敦厚的詩教作用的原因,則是詩學上的理想:

① 沈德潛:《説詩晬語》,卷上,第39條,見霍松林、杜維沫校注:《原詩·一瓢詩話·説詩晬語》(北京:人民文學出版社,1998),第196-197頁。

② 沈德潛:《説詩晬語》,卷上,見霍松林、杜維沫校注:《原詩·一瓢詩話·説詩晬語》(北京:人民文學出版社,1998),第191頁。

③ 沈德潛:《説詩晬語》,卷上,見霍松林、杜維沫校注:《原詩·一瓢詩話·説詩晬語》(北京:人民文學出版社,1998),第197頁。

詩之為道，可以理性情、善倫物、感鬼神、設教邦國、應對諸侯，用如此其重也。秦漢以來，樂府代興；六代繼之，流衍靡曼。至有唐而聲律日工，託興漸失，徒視為嘲風雪、弄花草、遊歷燕衎之具，而“詩教”遠矣。學者但知尊唐而不上窮其源，猶望海者指魚背為海岸，而不自悟其見之小也。今雖不能竟越三唐之格，然必優柔漸漬，仰溯《風》、《雅》，詩道始尊。①

他首先重申的也不外是儒家的一套關於詩在社會與倫理上的功能與效用，然而接下去他大篇幅所論析的乃是詩教作為突破“三唐之格”的作用。這便是他個人的創見所在。沈德潛雖嘗自言性好唐詩，當舉世學宋詩仍不為所動，②然而，他並非一味推崇唐詩，他認為唐代近體日工而導致“託興漸失”，離傳統的詩教日遠。故此，他認為應該上溯詩歌之源，“詩教”乃突破唐詩的缺口所在。

由以上的分析可見，沈德潛所理解的“温柔敦厚”乃真正的貼近孔子的原意。沈德潛之亟亟重倡“温柔敦厚”的傳統儒家詩教，乃明瞭到當時的創作與官方意識形態的緊張關係，在某種程度上，正如徐乾學在為王士禛的《十種唐詩選》所撰寫的序中所言，乃金口木舌，警惕創作者在創作時所兼顧到的其他外來因素，在抒發胸臆之際要做到含蓄不露，令聽者油油善入。故而其對温柔敦厚的理解當然與清初黃宗羲等遺民的憂時傷國、大吐塊壘的詩外之教的“温柔敦厚”大為不同。沈德潛亦肯定詩的諷諭功能，然強調委

① 沈德潛：《說詩晬語》，卷上，見霍松林、杜維沫校注：《原詩·一瓢詩話·說詩晬語》（北京：人民文學出版社，1998），第 187 頁。明末清初的詩論家王夫之亦與沈德潛一樣，認為“詩教”亡於唐代。見王夫之評選、張國星校點：《古詩評選》（北京：文化藝術出版社，1997），卷五，第 259 頁。

② 沈德潛選評：《唐詩別裁集》（香港：中華書局，1977），第 1 頁。

婉含蓄,故而倡比興。這是他抨擊宋詩的發露、稱許唐詩的含蓄的原因所在,故而其對"温柔敦厚"的強調乃出於補濟詩學上的不足,不同於其師葉燮的理解。而若將以上沈德潛温柔敦厚説的種種條件與紀昀等人在《〈唐宋詩醇〉纂校後案》中對王士禛神韻説的流連光景、不究興觀群怨、斥宋詩的發露等觀點作比較,便不難明白何以沈德潛的"温柔敦厚"的詩論能得到乾隆的青睞了。[1] 乾隆一眼便看出王士禛並非真正的吟風弄月;而沈德潛則既能要求寫出真性情而又不觸犯文網,正符合其要求,當然有必要大肆推揚。既可以藉此推行其文藝政策,又可獲到禮賢下士、君臣和諧之美名,何樂而不為?

五、"温柔敦厚"與明代復古詩派之"格調"

沈德潛承明前、後七子的格調説,享盛名於清中葉,然另一方面則又高舉"温柔敦厚"的詩教説。其實,"格調説"與"温柔敦厚"對於沈德潛來説是相輔相承,互為補足,缺一不可。郭紹虞認為:

> 由温柔敦厚言,所以重在比興,重在含蓄,重在反復唱嘆,重在婉陳,重在主文譎諫;勿過甚,勿過露,勿過失實。《説詩晬語》中評詩之語很多關於這方面的話。由格調言,所以須論法,須學古,講詩格,講詩體,勿求新異,勿近戲弄。《説詩晬

① 吴兆路便認為:"歷史發展到清代,統治者為了清除排滿思想,曾屢興文字獄,文人動輒得咎,因而詩中'温柔敦厚'的表現手法更受人重視。其中最具有代表性的人物便是沈德潛。"見吴兆路:《沈德潛"温柔敦厚"説新解》,《文學遺産》,1997 年第 4 期,第 88 頁;另可參吴兆路:《中國性靈文學思想研究》(臺北:文津出版社,1995),第 117 頁。

語》中論詩之語有很多關於這方面的話。①

就詩歌藝術而言，沈德潛在明前、後七子格調説的創變上以格調為主導，而融以神韻。由此可見，沈氏洞悉嚴羽詩論一體的兩面，而又以性靈貫穿兩者。故此，這貫穿格調與神韻的性靈自不能如明代公安派以至於清代性靈派的袁枚詩論的流於輕佻流利。② 故而，温柔敦厚的傳統詩教便是性情的培養以至於在詩歌的表現手法方面的含蓄委婉。③ 然而，從性情方面要求"温柔敦厚"而要求表現於詩歌中，這不啻是對創作的一種局限。沈德潛是在格調的基礎上提出"温柔敦厚"的，在《施覺庵考功詩序》中，他便説：

> 詩之為道也，以微言通諷諭。大要援此譬彼，優遊婉順，無放情竭論，而人裴徊自得於意言之餘。《三百》以來，代有升降，指歸則一。惟夫後之為詩者，哀必欲涕，喜必欲狂，豪則放縱，而戚若有亡，粗厲之氣勝，而忠厚之道衰，其於詩教日以傎矣。④

---

① 見郭紹虞：《中國文學批評史》（上海：上海古籍出版社，1988），第513頁。

② 郭紹虞指出："他（沈德潛）既講格調，又講温柔敦厚，所以不致如神韻説之空廓，同時也不致如性靈説之浮滑。"見《中國文學批評史》（上海：上海古籍出版社，1988），第513頁。

③ 郭紹虞指出："由格言，可不必越三唐之格；由志言，更須仰溯風雅，然後為正。所以三唐之格是由'詩之本'以規定的正格；而温柔敦厚的詩教，乃是由'詩人之本'以規定的正格。"見《中國文學批評史》（上海：上海古籍出版社，1988），第513頁。

④ 見沈德潛：《沈歸愚詩文全集》（香港科技大學藏臺灣"中央研究院"傅斯年圖書館清乾隆年間刊本複印本），第3冊，卷一一。

所謂"哀必欲涕,喜必欲狂,豪則放縱"所指,乃為詩者在情感上的毫無節制。然而,這並不意味著詩不能作為抒發情感的文類,而是因為情感失控則失"忠厚之道"。這便是沈氏亟亟重新提倡傳統詩教的理由所在。無論是意在抒情還是旨在諷諭,從沈氏論詩的角度而言,均不宜過於直接。"援此譬彼,優遊婉順,無放情竭論"的表現手法所呈現的是含蓄而不失諷諭的功能。相對來說,温柔敦厚的表現手法較直接的揭露更顯得優柔不迫,而又意味無窮,這纔是真正的為詩之道、諷諭之旨,亦是他重倡詩教說以濟格調說之所在。

一般來説,氣象雄奇闊大之作均少不了吐露胸臆、抒發意氣之弊病。復古詩派中人基於對政治的寄望與對現實的不滿,諷刺君上或朝廷之作頗多,尤以李夢陽為最。正德七年,武宗調宣府、大同等地的邊軍入駐紫禁城,由江彬、許泰等率領;又令宮中太監組成一支隊伍,與邊軍玩打仗的遊戲,通宵達旦,熱鬧非凡。李夢陽極為不滿,故而作《内教場歌》:

> 雕弓豹韔騎白馬,大明門前馬不下。徑入内伐鼓。大同耶?宣府耶?將軍者許耶?武臣不習威,奈彼四夷。西内樹旗,皇介夜馳。鳴砲烈火,嗟嗟辛苦。

武宗又四處耍樂,極為滋擾民生,李夢陽則作《君馬黄》譏之:

> 君馬黄,臣四驪。飛軒駮騻交路逵,錦衣有曜都且馳。前徑狹以斜,曲巷不容車。攘臂叱前兵,掉頭麾後驅,毁彼之廬行我輿。大兵拆屋棵,中兵摇楣櫨,小兵無所為,張勢罵蠻奴。

爾慎勿言諜者來，幸非君馬汝不夷。①

這樣的作品絶不可能出現於清代出仕者的詩集中，尤其是康、雍、乾三朝文網極熾之際。故此，明代前、後七子之作談不上“温柔敦厚”，而“温柔敦厚”的詩教説在彼等的詩論中自然遠不及處於清朝文字獄最熾盛的沈德潛的詩論中來得重要。

在沈氏眼中，詩歌中既有碧海鯨魚、巨刃摩天之風格又兼具温柔敦厚的内容與表現手法的衹有杜甫。在沈德潛的《唐詩别裁集》中，從他評點杜甫的詩歌中可知杜甫之所以被其推為格調派的典範，正在於杜詩兼具“格調”與“温柔敦厚”。在《唐詩别裁集》卷二的杜甫小傳中，沈德潛道出了杜詩兼具“温柔敦厚”與“格調”的特點：

> 聖人言詩自興觀群怨，歸本於事父事君。少陵身際亂離，負薪拾橡，而忠愛之意惓惓不忘，得聖人之旨矣。……少陵詩陽開陰闔，雷動風飛，任舉一句一節，無不見此老面目，在盛唐中允推大家。②

杜甫在亂離之際仍不忘忠愛，故而得聖人“温柔敦厚”之詩旨。然而，杜甫之所以為杜甫，其成就並不止於此，他還有陽開陰闔、雷動風飛的雄渾格調一面。沈氏就是結合杜詩中的這兩方面纔推之為盛唐大家的。沈德潛在杜詩的實際批評中以“格調”與“温柔敦厚”

① 以上二首刺上之作見李夢陽：《空同集》（上海：上海古籍出版社，1991）。

② 沈德潛選評：《唐詩别裁集》（香港：中華書局，1977），卷二，第29頁。

作為基準的,更是比比皆是。沈氏在評《奉贈韋左丞丈二十二韻》時有如下評語:

> 抱負如此,終遭阻抑。然其去也,無怨懟之詞,有遲遲我行之意,可謂温柔敦厚矣。①

又在卷六評杜甫的七古如下:

> 少陵七言古,如建章之宫,千門萬户;如巨鹿之戰,諸侯皆從壁上觀,膝行而前,不敢仰視;如大海之水,長風鼓浪,揚泥沙而舞怪物,靈蠢畢集。别於盛唐諸家,獨稱大宗……一飯未嘗忘君,其中忠孝與夫子事父事君之旨有合,不可以尋常詩人例之。②

可見杜詩之所以為沈氏推為典範,乃在於其詩兼融格調方面的闊大氣象,然又包含温柔敦厚的思想内容。然而,杜甫在沈氏的詩學標準中,並不止於在盛唐氣象上概括之,因為杜詩亂離之苦與獨特的技巧已超越盛唐詩的範疇,故而,推之為别於盛唐而獨稱大宗,不以尋常詩人視之。

六、袁枚對"温柔敦厚"之攻擊

另一位與"温柔敦厚"的理解上大異於沈德潛的應是性靈派的

① 沈德潛選評:《唐詩别裁集》(香港:中華書局,1977),卷二,第29頁。
② 沈德潛選評:《唐詩别裁集》(香港:中華書局,1977),第92頁。

袁枚。在文學批評史上,沈德潛一般被視作提倡“格調”而成一代詩學宗師,並繼提倡“神韻”的王士禛之後而成為詩壇盟主。另一方面,又往往將提倡“性靈”的袁枚視作沈氏所提倡的“格調”的反對者。[①] 袁枚固然有非議沈氏的“格調”之説,袁枚借楊萬里的話譏諷沈氏説,衹有天分低拙而不解風趣者纔好談格調,而有天才又風趣者如他自已則寫性靈。[②] 然而,在袁枚致沈氏的兩封書信中,袁枚似乎更著重於批評沈氏的另一詩論核心——“温柔敦厚”的評詩及選詩標準。在《答沈大宗伯論詩書》中,袁枚這樣抨擊沈氏“温柔敦厚”的論詩主張:

> 至所云詩貴温柔,不可説盡,又必關係人倫日用。……孔子之言,戴經不足據也,惟《論語》為足據。[③]

在《再與沈大宗伯書》中,袁枚又説:

> 聞《别裁》中獨不選王次回詩,以為艷體不足垂教,僕又疑焉。夫《關雎》即艷詩也,以求淑女之故,至於輾轉反側。使文

① 表面看來,袁枚似乎乃以異端的姿態挑戰堅守正統詩教的沈德潛;然而,沈氏死後乃是袁枚為他撰寫墓誌銘。見袁枚:《太子太師禮部尚書沈文愨公神道碑》,袁枚著、周本淳標校:《小倉山房詩文集》(上海:上海古籍出版社,1988),下册,卷三,第1216-1218頁。由此可見,沈、袁二人的關係匪淺,並未因詩論的不同而成宿敵。

② 見袁枚著、顧學頡校點:《隨園詩話》(北京:人民文學出版社,1998),上册,卷一,第2頁。

③ 見袁枚著、周本淳標校:《小倉山房詩文集》(上海:上海古籍出版社,1988),下册,卷一七,第1503頁。

王生於今，遇先生，危矣哉！[①]

袁枚因為沈德潛所編選的《清詩別裁集》中不選王次回（1593－1642）的詩而質疑其選詩標準，甚至藉此而挑戰傳統以來以"温柔敦厚"為準則的儒家詩學傳統。袁枚其實有所誤解，因為王次回是明朝人，其詩當然不會出現於《清詩別裁集》。[②] 在此，袁枚質疑的是戴經乃後人所託，又指出《詩經》的首篇《關雎》即是艷詩，從而對"温柔敦厚"的詩教説作出徹底的挑戰與否定。此外，袁枚又從"六義"上分別釐析詩歌並非一定衹限於含蓄，他認為詩既可説盡，又不一定要關人倫日用。[③] 袁枚在此既質疑經典的可靠性，又跳出傳統對六義的闡釋，發揮個人對傳統詩學的理解，遂在沈德潛提倡的"格調"與"温柔敦厚"之外，另闢"性靈"的詩學主張。從現存的文獻，我們看不到沈德潛對袁枚的回覆。整體而言，沈氏對一些不羈、浪漫的詩人如公安三袁［袁宗道（伯修，1560－1600）、袁宏道（中郎，1568－1610）、袁中道（小修，1570－1626）］、王次回都没好感，甚至可以説有惡感，從其選集如《明詩別裁集》與《清詩別裁集》的取向，便可見一斑。袁枚在詩學上乃後起之秀，站在歷史高度而言，其詩學理想傳承了明末公安派詩學之叛逆色彩，在文字獄熾盛的時代而有如此膽識，實在值得欽佩。但實際上，温柔敦厚與性靈有何根本的衝突？上述的論述已印

① 袁枚著、周本淳標校：《小倉山房詩文集》（上海：上海古籍出版社，1988），下册，卷一七，第1504頁。

② 見鄭清茂：《王次回研究》，王次回著、鄭清茂校：《王次回詩集》（臺北：聯經出版事業公司，1984），第17－18頁。另可參陳岸峰：《別裁僞體歸雅正：論沈德潛編選的六種選本》，《九州學林》，2005年第1期（春季），第301－303頁。

③ 袁枚著、周本淳標校：《小倉山房詩文集》（上海：上海古籍出版社，1988），下册，卷一七，第1503頁。

證了沈德潛拈出温柔敦厚此詩論在政治與詩學上的必要性,在此不贅。然而,袁枚之拈出性靈以抗衡,其實衹是見木不見林,並非理論上的商榷,對於沈德潛之用心以及其詩學體系,似乎都缺乏一份理解的耐心與切磋的虛心;或是故意而為,以為崛起文壇之旗幟。事實上,從袁枚以至於當下很多文學史對沈德潛詩論中的温柔敦厚的批評,或有所不見,或失諸偏頗。

七、總結

從上述對沈德潛"温柔敦厚"以及其與清初以來的相關詩學理念的關係的探討,清廷官方自康熙初至乾隆統治期間政治對文學的刻意挪用以及文學與政治的緊張關係,由此可見一斑。沈德潛重申"温柔敦厚"的作用,在詩學上的重要意義在於他以這一詩學概念補濟明代復古詩派在"格調"上的缺失,至為關鍵的是其對温柔敦厚的深入而細膩的創造性詮釋,為格調派詩學在清代嚴苛的政治態勢底下尋覓了一個生存的空間。故而,温柔敦厚與格調乃沈德潛詩學體系中兩個重要的核心概念,而兩者又有密不可分的互動關係。

沈德潛因為與乾隆的關係而令其詩學也蒙上了政治的影子,但這並不表示沈德潛的詩論乃因應清廷的統治需要而產生。由以上的論述可見,沈德潛乃純粹的文人與詩學理論家,其詩學理論獨立於政治,否則他便不會因在《清詩别裁集》中選入為乾隆所疾惡的錢謙益等人的詩作而備受痛斥。悲哀的是,沈氏死後因曾為後來陷於文字獄的徐述夔(孝文,生卒年不詳)的《一柱樓詩集》作序而遭奪去官階及撲碑,這正是詩學與政治的張力底下,一代文人悲哀的縮影。

第五章　別裁偽體歸雅正:沈德潛編選的六種選本

一、前言

一個詩學理論家之所以能對當時及後世產生深遠的影響,個人的詩學主張是否具有創造性固然重要,而弟子的揄揚、與文壇中人互相酬唱,亦不可缺少,更重要的是藉著刊行個人所編選、批點的選本以發揮其影響力與傳播詩學理念,其實際影響力或許更為具體而深遠。魯迅(周樹人,1881-1936)便曾說過:

> 凡是對於文術,自有主張的作家,他所賴以發表和流佈自己的主張的手段,倒並不在作文心,文則,詩品,詩話,而在出選本。①

① 魯迅:《選本》,《魯迅文集全編》(北京:國際文化出版公司,1995),第1冊,第1319頁。

選本之重要性,可見一斑。

以下探討的是清代詩學大家、格調派宗師沈德潛所編選的六種詩選本。我們首先要看的是他的選詩標準,從其選詩的標準以及其實際選詩,我們可以得見其選詩理念與官方意識形態之間的衝突,亦從而可以推翻長期以來文學史及相關論述將沈氏定位為乾隆的御用詩人的錯誤。其次,我們將對早於沈氏的選本之前所流行的幾種著名選本略作分析,以掌握當時詩壇概況,然後再整合沈德潛所編選的《古詩源》、《唐詩別裁集》、《宋金三家詩選》、《明詩別裁集》、《清詩別裁集》以及《杜詩偶評》這些選本所展示的詩學理念,藉以觀察他如何面對明代中葉至清初所遺留的詩學問題。

二、選詩標準、評點的方法及實際批評

1. 選詩標準

沈德潛選詩首重道德,甚至將選詩抬高到關係社會道德的高層次。他關注詩選對人心道德的影響,故此十分強調編選詩者的責任:

> 分別去取,使後人心目有所準則而不惑者,唯編詩者責矣。……而詩教之衰,未必不自編詩者遺之也。夫編詩者之責,能去鄭存雅,而誤用者,轉使人去雅存正,而群趨乎鄭,則分別取去取之間,顧不重乎?尚安用意見自私,求新好異於一

時,以自誤而誤人也![1]

編詩者的去取之間關乎"詩教"的盛衰與整個社會的風氣,故而不能"求新好異",亦不能純以個人的喜好或文學趣味選詩。因此,韋縠的《才調集》備受批評。[2] 沈德潛又説:

> 晉人《子夜歌》,齊梁人《讀曲》等歌,俚語俱趣,拙語俱巧,自是詩中別調。然雅音既遠,鄭衛雜興,君子弗尚也。愚於唐詩選本中,不收西昆香奩諸體,亦是此意。[3]

所謂"雅音"與"鄭衛之音"的區別,在於"雅音"承襲的是儒家的詩學傳統,而西昆體遠承李商隱(義山,約 813 – 約 858),雖在北宋初期風行一時,卻非沈德潛所強調的詩歌合為人倫日用,故而被排斥。故此,沈德潛這樣抨擊明代至清初在選詩上的流弊:

> ……自有明以來,選古人之詩者,意見各殊。嘉、隆而後,主復古者拘於方隅,主標新者偭而先矩,入主出奴,二百年間,迄無定論。而時賢之競尚華辭者,復取前人所編穠纖浮艷之習,揚其餘燼,以易斯人之耳目,此又與岐趨之甚。[4]

---

① 沈德潛:《原序》,《唐詩別裁集》(香港:中華書局,1977),第 1 頁。

② 沈德潛:《説詩晬語》,卷下,第 81 條,見霍松林、杜維沫校注:《原詩·一瓢詩話·説詩晬語》(北京:人民文學出版社,1998),第 255 頁。

③ 沈德潛:《古詩源》(香港:上海印書館,1962),第 3 頁。

④ 沈德潛選評:《唐詩別裁集》(香港:中華書局,1977),第 1 頁。

"復古者"的選詩當指明中葉的李攀龍所編選的《古今詩刪》(《唐詩選》),[1]而"標新者"的選詩當指明末竟陵派的鍾惺與譚元春所編選的《詩歸》。前者"拘於方隅",而後者"偭而先矩",均不愜沈氏之意。至於所謂"時賢之競尚華辭者",當指錢謙益的門人馮舒(已蒼,1593－1645)所批點的韋縠(生卒年不詳)的《才調集》。[2]

沈德潛選詩的另一標準,便是不為交遊結納而選:

> 國朝選本詩,或尊重名位,或籍交遊結納,不專論詩也。[3]

沈氏在此指出,清初以來之選詩,或為尊名位,或為圖結納等不良風氣,可見他推崇的乃是從純詩學的角度出發選詩。這與李攀龍在《古今詩刪》"選明詩"中,以友朋為主、重個人交遊結納的態度截然不同。李攀龍在《古今詩刪》的"選明詩"部分竟選詩名不甚了了的友人許邦才三十四首詩,排"選明詩"中的第七位,比明初享盛名

① 傳為李攀龍所選的《唐詩選》,乃後人從其所編選的《古今詩刪》中擷取"選唐詩"的部分而刊行於世。《四庫全書總目·唐詩選七卷》云:"攀龍所選歷代之詩,本名《詩刪》,此乃摘其所選唐詩,汝詢亦自有《唐詩解》,此乃割取其注,皆坊賈所為,疑蔣一葵之直解,亦託名矣。"見永瑢等著:《四庫全書總目》(北京:中華書局,1987),下冊,卷一九二,第1749頁下。有關《古今詩刪》與《唐詩選》的各種不同版本及其刊行的情況,可參許建昆:《李攀龍文學研究》(臺北:文史哲出版社,1987),第290－314頁。

② 在沈德潛之前的王士禛早已對馮舒、馮班(定遠,1602－1671)兩兄弟所提倡的晚唐綺靡詩風及評點《才調集》表達了不滿。見王士禛:《古夫于亭雜録》,《池北偶談(外三種)》(上海:上海古籍出版社,1993),第648頁。當時,對這種晚唐綺靡詩風推波助瀾的還有袁枚,他亦以《才調集》作為傳授弟子詩法的範本。見王昶:《湖海詩傳》(北京:商務印書館,1958),上冊,卷七,第150頁。

③ 沈德潛:《凡例》,《清詩別裁集》(香港:中華書局,1977),第3頁。

的劉基（伯温，1311－1375）還要高出兩位。故而李氏之選，被斥為“好用私情”。[1] 而錢謙益專為攻擊復古詩派而選的《列朝詩集》，亦不脱李攀龍在選詩上以友朋為主而不問作品好壞的流弊。因此，沈德潛纔強調“以詩存人，不以人存詩”[2]之重要性。

2. 評點的方法

沈德潛認為，一部理想的選本，除了選詩要合乎“温柔敦厚”的詩教外，評點亦同樣重要，因為評點影響學詩者非常深遠，故而他對評點有如下的嚴謹要求：

> 方虛谷《瀛奎律髓》，去取評點，多近凡庸，特便於時下捉刀人耳。《鼓吹》一書（嫁名元遺山者），尤為下劣。學者以此等為始基，汩没靈臺，後難洗滌。昔康昆侖學琵琶，段師令其十年不近樂器，洗盡邪雜，方許受教。作詩家毋誤入路頭，為康昆侖之續也。[3]

評點能顯示出評點者的學養、識見與道德人格，這對學詩者影響深遠。然而，若評點凡庸，不但汩没學詩者的性靈，而且積重難返，終必墮入魔障。由此可見，對沈德潛而言，評點是啓發學詩者性靈的關鍵，是導引學詩者走向純正詩風之始，這一步十分要緊。

---

① 楊松年在《李攀龍及其〈古今詩刪〉研究》一文中指出：“……在明詩選中，我們見及李攀龍在選詩時，挾帶濃厚的私人感情和結黨納社的色彩。”見楊松年：《中國古典文學批評論集》（香港：三聯書店，1987），第116－117頁。

② 沈德潛：《凡例》，《清詩別裁集》（香港：中華書局，1977），第3頁。

③ 見霍松林、杜維沫校注：《原詩·一瓢詩話·說詩晬語》（北京：人民文學出版社，1998），第255頁。

3. 實際批評

沈德潛在其詩學理論上雖然有自成一家的批評標準,但在實際批評中常流露出其彈性。他雖大力鼓吹"温柔敦厚",提倡作詩不可太"露",然而在評白居易(樂天,772-846)的《長恨歌》時説:

> 此譏明皇迷於色而不悟也。以女寵幾於喪國,應知從前之謬戾矣。①

而在《明詩別裁集》中,朱彝尊(錫鬯,1629-1709)的《謁劉文成公祠》這種懷念明朝,慨然有光復漢室、戮力朱明思想的作品,沈德潛亦收入,且並無斥責之意,可見其評詩尺度的彈性。然而,正因這種祇問作品的好壞與不顧作者、作品背景的"彈性",纔為他招來生前死後很多始料未及的麻煩與恥辱。在此暫且按下不表,稍後再論。

三、匡濟詩壇之選:《古詩源》、《唐詩別裁集》、《宋金三家詩選》

1. 溯乎詩教之本源:《古詩源》

在沈德潛選《古詩源》之前,早在明末萬曆四十三年(1615),已

① 沈德潛選評:《唐詩別裁集》(香港:中華書局,1977),第119頁。

有竟陵派的領袖鍾惺與譚元春共同編選的《詩歸》,[1]其中便有《古詩歸》;而在清初,亦有神韻派的王士禛所編選的《漁洋山人古詩選》。那麼,沈德潛為何還要編選《古詩源》呢?

在此,我們有必要瞭解時人對上述的幾種古詩選本的評價,然後方能瞭解沈氏編選《古詩源》的動機。

朱彝尊在《明詩綜》中指出:"《詩歸》既出,紙貴一時。"[2]由此可見此選本在當時受歡迎的程度。至於將竟陵派抨擊得體無完膚,指鍾、譚二人為"詩妖"的錢謙益也無奈地承認:

> 海内稱詩者靡然從之……所撰《古今詩歸》盛行於世,承學之士,家置一編,奉之如尼父之删定。[3]

同是明末清初人的詩學理論家王夫之(而農,1619－1692)對竟陵派則有如下攻擊:

> 自竟陵乘閏位以登壇,獎之使廁於風雅……以成亡國之音,而國遂亡矣。竟陵滅裂風雅、登進淫靡之罪,誠為戎首。[4]

① 《詩歸》於萬曆四十三年(1615)完成。自古逸至隋,十五卷,是為《古詩歸》;初唐五卷,盛唐十九卷,中唐八卷,晚唐四卷,共三十六卷,是為《唐詩歸》;《古詩歸》與《唐詩歸》合稱《詩歸》,亦名為《古今詩歸》。

② 朱彝尊著、姚祖恩編、黄君坦校點:《静志居詩話》(北京:人民文學出版社,1998),下册,卷一七,第502頁。

③ 錢陸燦編:《列朝詩集小傳》(上海:中華書局上海編輯所,1961),中册,丁集,第570－571頁。

④ 王夫之著、張國星校點:《古詩評選》(北京:文化藝術出版社,1997),卷三,第117頁。

至於代表官方的《四庫全書總目》亦記：

(《詩歸》)是書……大旨以纖詭幽渺為宗,點逗一二新雋字句,矜為玄妙,又力排選詩惜群之説,於連篇之詩隨意割裂,古來詩法,於是盡亡。至於古詩字句,多隨意竄改。顧炎武《日知録》曰:近日盛行《詩歸》一書,尤為妄誕……①

由此可見,儘管《詩歸》在明末非常流行,然而上至朝廷,下及詩壇盟主的錢謙益,甚至豹隱山林的王夫之、顧炎武,均對這一選本極不滿意,甚至大肆撻伐。似乎在這些批評者眼中,以"罄竹難書"形容《詩歸》,亦殆不為過。更為重要的是,清廷早已不滿《詩歸》與竟陵派的詩風,故而《詩歸》雖然盛行於坊間,然在入清之後,竟淪為禁書之一。② 在沈氏的著作當中,並未見他對《詩歸》有任何直接的批評,但從他稱詩至鍾、譚乃"衰極"、"僻澀"③以及《明詩別裁集》中不録竟陵派任何作品,可知他對鍾、譚合編的《詩歸》,自然也不會滿意的了。

另一部著名的古詩選本要推王士禎的《古詩選》。此選本衹選五、七言古詩,故而《四庫全書總目》批評王氏選詩的理念與李攀龍

① 永瑢等撰:《四庫全書總目》(北京:中華書局,1987),下冊,卷一九六,第1795頁。《詩歸》有明萬曆閔氏刻本,鍾惺與譚元春的序均寫於萬曆四十五年(1617),此書應於1617年後刊行。詳見王重民:《中國善本書提要》(上海:上海古籍出版社,1983),第439頁。

② 詳見姚覲元編、孫殿起輯:《清代禁燬書目(補遺)·清代禁書知見録》(上海:商務印書館,1957),第133頁。

③ 見霍松林、杜維沫校注:《原詩·一瓢詩話·説詩晬語》(北京:人民文學出版社,1998),第241頁。

"唐無五言古詩,而有其古詩"之説根本無異。[①]《四庫全書總目》又對其所選的七言古詩作出如下批評:

> 至七言歌行,惟鮑照先為别調,其餘六朝諸作,大抵皆轉韻抑揚,故初唐諸人多轉韻,而李白以下,始遥追鮑照之體。終唐之世,兩派並立。今初唐所録,寥寥數章,亦未免拘於一格。蓋一家之書,不足以盡古今之變也。[②]

説到最終,王士禛的《古詩選》的"拘於一格",在很大程度上都是受了李攀龍的"唐無五言古詩,而有其古詩"[③]的影響,因而纔有"初唐所録,寥寥數章"與"不足以盡古今之變"的缺失。以上對王士禛的批評可謂一矢中的,因為王氏本人便深受明代後七子領袖李攀龍的影響,時人吴喬便譏之為"清秀李于麟"[④]。

對於王士禛的《古詩選》,沈德潛在《古詩源》的"例言"中有如下批評:

> 新城王尚書(士禛)向有古詩選本,抒文載實,極工裁擇。因五言七言分立界限,故三四言及長短雜句均在屏卻,茲特採

① 永瑢等著:《四庫全書總目》(北京:中華書局,1987),下冊,卷一九四,第1769頁。

② 永瑢等著:《四庫全書總目》(北京:中華書局,1987),下冊,卷一九四,第1769頁。

③ 有關李攀龍"唐無五言古詩,而有其古詩"的相關論述,可參陳岸峰:《〈唐詩别裁集〉與〈古今詩删〉中"唐詩選"的比較研究:論沈德潛對李攀龍詩學理念的傳承與批判》,《漢學研究》,2001年第2期(12月),第399-416頁。

④ 吴喬:《答萬季埜詩問》,見郭紹虞主編:《清詩話續編》(上海:上海古籍出版社,1983),上冊,第26頁。

録各體，補所未備，又王選五言兼取唐人，七言下及元代。茲從陶唐氏起，南北朝止，探其源不暇沿其流也。[1]

由此可見，沈氏的《古詩源》乃是針對王士禛《古詩選》的不足而編選的。沈氏認為，王士禛的《古詩選》的不足在於嚴分五、七言古詩，而三、四言及長短句卻没有收入。故此，沈氏之選便照顧到不同的詩體，以補王氏《古詩選》的不足。針對《古詩選》選及唐代的五言詩，七言更下及元代，沈氏《古詩源》便從陶唐氏選起，止於南北朝，其意在於"探源"，而非王氏《古詩選》兼及追溯古詩在唐及以後的發展。

沈氏《古詩源》之選旨在"探源"，此宗旨亦可見於《唐詩别裁集》：

有唐一代詩，凡流傳至今者，自大家名家而外，即旁蹊曲徑，亦各有精神面目流行其間，不得謂正變盛衰不同，而變者、衰者可盡廢也。然備一代之詩，取其宏博，而學詩者沿流討源，則必尋究其指歸，何者？人之作詩，將求詩教之本原也。唐人之詩，有優柔平中順成和動之音，亦有志微噍殺流僻邪散之響。由志微噍殺流僻邪散而欲上溯乎詩教之本原，猶南轅而之幽薊，北轅而之閩粤，不可得也。[2]

唐詩包羅萬有，既有"優柔平中順成和動之音"，亦有"志微噍殺流僻邪散之響"，這便不適合學詩者"求詩教之本原"的指歸了。在

① 沈德潛：《例言》，《古詩源》（香港：上海印書館，1962），第3頁。
② 沈德潛選評：《唐詩别裁集》（香港：中華書局，1977），第1頁。

《古詩源》的《序》中,他便説:"詩至有唐為極盛,然詩之盛,非詩之源也。"[①]亦即是説,沈氏將古詩視作唐詩之源,然從詩品的角度而言,則是凌駕乎唐詩之上的。沈氏雖極稱唐詩的精彩繽紛,然其"優柔平中順成和動之音"的純度則不及南北朝及以前的古詩,他説:

> ……唐以前之詩,昆侖以降之水也。漢京魏氏,去風雅未遠,無異辭矣。即齊梁之綺縟,陳隋之輕艷,風標品格,未必不遜於唐。然緣此遂謂非唐詩所由出,將四海之水非孟津以下所由注,有是理哉![②]

接著,他又批評了明代前、後七子太過於株守唐詩,因而產生"冠裳土偶"[③]的流弊。沈氏指出唐詩乃宋、元之上流,而古詩則為唐詩之發源。[④] 由此可見,南北朝以前的古詩便是唐詩的源頭,而唐詩雖稱極盛,然已有"志微噍殺流僻邪散之響",已不及古詩的"温柔敦厚"了。至於宋、元詩,又是唐詩之末流,相去更遠。

2. 匡復古之狹,濟神韻之偏:《唐詩別裁集》

在沈德潛編選《唐詩別裁集》之前,有關唐詩的選本為數不少,除了上述提及成為禁書而又不為沈氏所喜歡的《唐詩歸》之外,較為著名的還有《唐詩鼓吹》、《唐賢三昧集》以及《唐詩選》。先説《唐詩鼓吹》,沈氏十分鄙視此選本:

① 沈德潛:《序》,《古詩源》(香港:上海印書館,1962),第4頁。
② 沈德潛:《序》,《古詩源》(香港:上海印書館,1962),第4頁。
③ 沈德潛:《序》,《古詩源》(香港:上海印書館,1962),第4頁。
④ 沈德潛:《序》,《古詩源》(香港:上海印書館,1962),第4頁。

《鼓吹》(《唐詩鼓吹》)一書(嫁名元遺山者),尤為下劣。學者以此等為始基,汩没靈臺,後難洗滌。[①]

以"下劣"評此選本,認為乃託元好問(裕之,1190-1257)之名而已,更認為學詩者若以此選本為學詩之始則"汩没靈臺,後難洗滌",這與錢謙益視《唐詩鼓吹》為未受前、後七子復古詩説影響的選本而力捧為學詩範本以對抗《唐詩選》的態度,截然不同。

清初另一本非常聞名的唐詩選本,便是王士禛的《唐賢三昧集》。王士禛中年"越三唐而事兩宋",晚年則歸於唐詩。康熙二十七年,王氏時五十五歲,編《唐賢三昧集》,以"神韻説"風行天下。所謂"神韻",亦即可望而不可即、冲淡而意無限的詩境。這其實亦是司空圖(表聖,837-908)的"妙在酸鹹之外"與嚴羽所謂"水中之月,鏡中之象"[②]的承傳。在《唐賢三昧集序》中,王士禛便直言此選是受了司空圖與嚴羽的影響。[③]《唐賢三昧集》衹録以王維與孟浩然(689-740)為主以及與他們冲淡的詩風相近的作品,而託言倣王安石(介甫,1021-1086)《唐百家詩選》之例,不録李白與杜甫,分明是藉口而已。因為王安石另有三個選本選及李、杜的詩

① 見霍松林、杜維沫校注:《原詩·一瓢詩話·説詩晬語》(北京:人民文學出版社,1998),第255頁。

② 嚴羽著、郭紹虞校釋:《滄浪詩話校釋》(臺北:里仁書局,1987),第26頁。

③《唐賢三昧集》共分三卷,合共四十三人。張九齡與韋應物本亦在選之列,但因已入其五言選,故不再録。詳見王士禛編,吴煊、胡棠注:《唐賢三昧集箋注》,光緒九年翰墨園重刊。本文所據乃香港中文大學新亞書院圖書館館藏。很可惜的是2000年由上海古籍出版社出版的《唐賢三昧集譯注》一書卻將王士禛的序言删掉,這樣便導致讀者無從得知王氏的詩學淵源。詳見張明非:《唐賢三昧集譯注》(上海:上海古籍出版社,2000)。

作。翁方綱在《七言詩三昧舉隅》中指出：

> 漁洋選《唐賢三昧集》，不録李、杜，自云倣王介甫《百家詩選》之例，此言非也。先生平日極不喜介甫《百家詩選》，以為好惡拂人之性，焉有倣其例之理？以愚竊窺之，蓋先生之意，有難以語人者，故不得已為此託詞云爾。先生於唐賢獨推右丞、少伯以下諸家，得三昧之旨，蓋專以冲和淡遠為主，不欲以雄鷙奧博為宗。若選李、杜而不取其雄鷙奧博之作，可乎？吾觀先生之意，固不得不以李、杜為詩家正軌也，而其沉思獨往者，則獨在冲和淡遠一派，此固右丞之支裔，而非李、杜之嗣音矣。①

王氏之偏向王、孟的冲淡詩風而非李、杜的高蹈悲壯，一方面是自己的性向所在，另一方面正如一般論者所認為的，是"針對明代七子學唐詩雄渾悲壯而失之假的弊病去的"②。這亦可謂是以偏救偏的策略，如乾隆在其所選的《唐宋詩醇》中便指出：

> 考國朝諸家選本，惟王士禎書最為學者所傳。其《古詩選》，五言不録杜甫、白居易、韓愈、蘇軾、陸游，七言不録白居易，已自為一家之言。至《唐賢三昧集》，非惟白居易、韓愈皆所不載，即李白、杜甫亦一字不登。蓋明詩摹擬之弊，極於太

① 翁方綱：《七言詩三昧舉隅》，見郭紹虞主編：《清詩話續編》（上海：上海古籍出版社，1983），上册，第290－291頁。

② 王小舒：《神韻詩史》（臺北：文津出版社，1994），第147頁。

倉、歷城，纖佻之弊，極於公安、竟陵，物窮則變……①

所謂的"物窮則變"，一方面是說七子、公安及竟陵之各趨極端，而從以上對王士禛《古詩選》與《唐賢三昧集》的評價中，亦未嘗不可說王氏之選亦是純為針對詩壇流弊的另一種極端表現而已。②《唐賢三昧集》之選，為的是抗衡當時宋詩的流行，如其弟子俞兆晟（生卒年不詳）所述：

> 既而清利流為空疏，新靈寖以佶屈，顧瞻世道，惄焉心憂，於是以大音希聲，藥淫哇錮習，《唐賢三昧》之選，所謂乃造平淡時也。③

《唐賢三昧集》是王士禛晚年所編選，故亦往往被視為他詩學的宗旨，然而他中年卻曾嚮往與提倡宋詩，難道真的可截然將其中年與晚年的不同詩學趣向視作涇渭分明的界限嗎？從上述的那段文字可見，雖然他自己晚年對中年的提倡宋詩亦頗有悔意，但這並不表示他最終是尊唐抑宋，大概衹可以說是不同階段的詩學趣向而已。

① 乾隆選評、冉苒校點：《唐宋詩醇》（北京：中國三峽出版社，1997），上卷，第4頁。

② 周策縱在《一察自好：清代詩學測徵》一文中認為明、清以來以偏救偏的詩學現象或許和詩人兼為詩論家有關，而"其優點是偏詣而精深"。見《清代學術研討會論文集》（高雄：中山大學中國文學系、中山大學中國文學研究所，1993），第7頁。

③ 俞兆晟：《漁洋詩話序》，郭紹虞主編：《清詩話續編》（上海：上海古籍出版社，1983），上冊，第163頁。翁方綱在《神韻論（中）》中亦指出明末各詩派以至於清初王士禛的神韻說均乃以偏救偏，見翁方綱：《復初齋文集》（臺北：文海出版社，1966），第344頁。

然而,從王氏詩學趣味之轉向,我們或可領略唐、宋詩地位之逐漸改變,唐詩不再是主導的地位,而宋詩則由明代的備受壓抑與排斥,至此時已與唐詩漸有抗衡之勢了。

對於王士禛的《唐賢三昧集》,沈德潛有如下的遺憾:

> 新城王阮亭尚書選《唐賢三昧集》,取司空表聖"不著一字,盡得風流",嚴滄浪"羚羊掛角,無跡可求"之意,蓋味在鹽酸外也。而於杜少陵所云"鯨魚碧海",韓昌黎所云"巨刃摩天"者,或未之及。余因取杜、韓語意,定《唐詩別裁》,而新城所取,亦兼及焉。①

很明顯,在這裏,沈德潛乃以其格調説的詩學典範——杜、韓詩補充王氏《唐賢三昧集》之不足。②

在遠的一方面,沈德潛《唐詩別裁集》必須面向的是明代復古詩派的重要選本——李攀龍《古今詩刪》中的《唐詩選》。基於"詩必盛唐"的復古詩學理念,李攀龍的《唐詩選》以初、盛、中、晚的"四唐説"區分唐詩。沈德潛的《唐詩別裁集》則不以四唐説區分唐詩,轉而以體裁作為不同卷帙的區分。這明顯便是擺脱了李攀龍及明

---

① 沈德潛選評:《唐詩別裁集》(香港:中華書局,1977),第2頁。

② 日本學者青木正兒認為沈氏在選唐詩中注入勁健的詩作,"加上漁洋的好尚所做的選擇,或許是企圖順格調派長流,以會合神韻派"。見青木正兒著、陳淑女譯:《清代文學評論史》(臺北:開明書店,1969),第102頁。劉明華亦認為:"沈德潛通過選編《唐詩別裁集》充分體現了其格調觀。"見劉明華:《芬芳悱惻解杜 轉益多師學杜——袁枚對杜詩學的貢獻》,《杜甫研究學刊》,1993年第1期(11月),第10頁。

代復古詩派拘於時代界限的桎梏。這樣亦即是說:詩不必盛唐。①不同於李攀龍《唐詩選》的衹選不評,沈德潛的《唐詩别裁集》中設有詩人小傳,簡單扼要,可以使人知詩人的生平概況及其詩作的長短所在。

3. 重唐調而不廢宋詩:《宋金三家詩選》

一般論者皆認為沈德潛喜唐詩而斥宋詩,誤以為他有唐、明、清三朝詩選而没有宋詩的選本。例如日本學者青木正兒便説:

> 他(沈德潛)曾選漢魏六朝詩,編《古詩源》,唐、明、清詩編了三種别裁集,宋詩和元詩都不碰手。在《明詩别裁集序》上説:"宋詩近腐,元詩近纖,明詩其復古也。"又説:"有明之詩,誠見其陵宋躒元,而上追前古也。"原因是明詩為唐詩的復興。由此明白可見,其思想一貫為尊唐賤宋。②

説沈氏"宋詩和元詩都不碰手"與"尊唐賤宋",其實都是未曾留意到沈氏的《宋金三家詩選》,似乎對沈氏在唐、宋詩上的觀點有所誤解。

① 關於李攀龍《古今詩删》中的《唐詩選》與沈德潛《唐詩别裁集》的關係的具體論述,可參閲陳岸峰:《〈唐詩别裁集〉與〈古今詩删〉中"唐詩選"的比較研究:論沈德潛對李攀龍詩學理念的傳承與批判》,《漢學研究》,2001年第2期(12月),第399-416頁。

② 青木正兒著、陳淑女譯:《清代文學評論史》(臺北:開明書店,1969),第101頁。

沈德潛曾批評過王安石才力有餘而"意味較薄"①。蘇軾是北宋詩人中他最為欣賞的,然猶批評其詩:"工於比喻,拙於莊語。"②又説過"宋詩近腐,元詩近纖"、"唐詩蘊蓄,宋詩發露。蘊蓄則韻流言外,發露則意盡言中";③然而接著又説"愚未嘗貶斥宋詩",衹是"趣向舊在唐詩"④而已,因此他並非如時人非唐即宋的勢不兩立的態度。例如,他便曾這樣稱許蘇軾與陸游:

> 詩之宗法,在神理而不在形似,乃棄神理而取形似……東坡之超曠,放翁之淵博,不可盡没也。⑤

故而他晚年編選《宋金三家詩選》,並非在詩觀上有任何突變。

《宋金三家詩選》是沈德潛於九十七歲時在門人陳明善(生卒年不詳)的協助下選編而成的。他先是選了陸游(務觀,1125－1210)、元好問的詩,並寫了例言、評語,又在病中選録蘇軾的詩,而未及加評點即逝世。此書由陳明善於沈氏身故之年(乾隆己丑年,1769)刊刻,流傳並不如他所選編的其他選集,故而如青木正兒者便誤以為沈氏没有宋詩的選本。今本所見乃蔣維崧(1915－2006)所藏,扉頁題:

---

① 見霍松林、杜維沫校注:《原詩·一瓢詩話·説詩晬語》(北京:人民文學出版社,1998),第233頁。

② 見霍松林、杜維沫校注:《原詩·一瓢詩話·説詩晬語》(北京:人民文學出版社,1998),第233頁。

③ 沈德潛選評:《清詩别裁集》(香港:中華書局,1977),第3頁。

④ 沈德潛選評:《清詩别裁集》(香港:中華書局,1977),第3頁。

⑤ 沈德潛:《沈歸愚詩文全集》(香港科技大學藏臺灣"中央研究院"傅斯年圖書館清乾隆年間刊本複印本),第2冊,卷一五。

《宋金三家詩選》四本乃先大父從雲崧趙先生(趙翼)遊,告先生(趙翼)手批見示者。庚申九月曰豫。①

三家共選五百二十七首。上有趙翼(雲崧,1727－1814)的親筆批點,共有一百六十多處。陳明善在《序》中記述了編選的因緣:

余鈔唐八家詩成,戊子夏攜之吴門,請正於歸愚師,因論宋金人詩。師曰蘇子瞻天才奔放,鑄古鎔今。陸放翁,志在復仇,沈雄悲憤。元遺山遭時變,故登臨憑弔聲與淚俱之。三家者,皆不可不熟習者也。第全集卷帙浩繁,艱於披閱。選本雖多,惜未盡善能,彙而鈔之,亦大快事。善即以三家詩輯為請,師許之。今年春,師先定放翁、遺山二家,繼輯東坡集,未及評而師遊道山。②

陳明善在此透露了沈德潛對蘇軾、陸游及元好問的觀感。在《三家詩選凡例》中,沈德潛則說:"東坡、放翁、遺山為宋、金大家,其源皆出於少陵。"詩學淵源的一脈相承乃促成此選的一個重要原因。而在他的另一門人顧宗泰(生卒年不詳)的序中,我們亦可得知沈氏何以没有《宋詩別裁集》之選,而又為蘇軾、陸游及元好問選輯一集的原因:

吾師沈歸愚先生所選《古詩源》、《唐詩別裁》、《明詩別

① 沈德潛選評、趙翼批點:《宋金三家詩選》(濟南:齊魯書社,1983)。
② 沈德潛選評、趙翼批點:《宋金三家詩選》(濟南:齊魯書社,1983),《陳序》。

裁》諸集，久已膾炙海內，士人奉為圭臬，而獨宋金元詩久未之及。非必如嘉、隆以後，言詩家尊唐黜宋，概以宋以後詩為不足存而棄之也。誠以宋以後詩，門户不一，求其精神面目可嗣唐正軌者，不二三家矣。篇什浩博，擇焉不精，無以存之，不如聽其詩之自存。是則存之綦重而選之難也。今年春，先生始選蘇東坡、陸放翁、元遺山三家詩，補前此所未及。①

這説明了沈德潛何以不選宋詩，並非存有明前、後七子的"詩必盛唐"的成見，而是宋詩太多，難於篩選；更重要的是"可嗣唐正軌者，不二三家"。由此可見其選《宋金三家詩選》仍是以唐詩為標的。顧氏繼而又説：

東坡於韓吏部後獨開生面，其才之大如金銀銅錫，合為一冶。其筆之超曠，如天馬行空，不可羈靮，洵巨手也。放翁南渡後推第一，胸懷磊落，卷氣凌暴，其志節所見，直可上追少、陵，不得以詩人盡也。遺山值金之衰，悲憤沉鬱，浩氣獨存，黍離麥秀之感，往往流溢其身，未嘗仕元，實為金詩首選。②

從風格而言，以蘇軾比韓愈，以陸游比杜甫；陸游的"胸懷"、"志節"可上追杜甫，而元好問更是忠於君主家國，金亡而不仕元，這與其詩忠君體國的道德觀是一致的，而他又往往以這種道德觀稱許杜詩。最重要的是，這三位詩人無論是在情操還是在風格上，皆師承

① 沈德潛選評、趙翼批點：《宋金三家詩選》（濟南：齊魯書社，1983），《顧序》。

② 沈德潛選評、趙翼批點：《宋金三家詩選》（濟南：齊魯書社，1983），《顧序》。

杜甫,可見這亦是以唐詩衡量宋詩。從其編選《宋金三家詩選》及相關的宋、元詩的評價中,可得見沈德潛並不廢宋詩,非如時人唐、宋不兩立的涇渭分明,其對宋、元詩的態度誠如其所言:"論宋元詩,不必過於求全也。"①

四、對明代復古詩派的批判與肯定:《明詩別裁集》

清代詩壇所面向的正是明代復古詩派所遺留下來的詩學論爭。評價明詩,所面向的必然是復古詩派等人的詩學理念及具體的創作。早在沈德潛的《明詩別裁集》之前,已有錢謙益的《列朝詩集》及朱彝尊的《明詩綜》。相較於《列朝詩集》與《明詩綜》,《明詩別裁集》的選詩數目顯然精簡得多。《列朝詩集》號稱收明代詩家二千人,實約一千八百人。② 而《明詩綜》更收多達三千四百餘家。③ 錢氏對復古派及竟陵派的攻擊並非片言隻字,從《列朝詩集》的體例、選詩比例,以至於在《小傳》中,均不遺餘力地大肆貶斥,在在可見錢氏對此兩詩派實有摧枯拉朽之功。④ 錢謙益在《列朝詩集》中首創附録劣詩先例,這可謂是故意為復古詩派而設。附録中

① 沈德潛選評、趙翼批點:《宋金三家詩選》(濟南:齊魯書社,1983),第237頁。

② 張寅彭:《清人總攝明詩的三部大型之著》,《古典文學知識》,1997年第5期(5月),第111頁。

③ 張寅彭:《清人總攝明詩的三部大型之著》,《古典文學知識》,1997年第5期(5月),第113頁。

④《列朝詩集》對前、後七子的貶斥是多方面的,除了《小傳》中的痛斥、附"劣作"作示範之餘,張寅彭更觀察出其重新勾勒明詩史並將前、後七子摒出主流的用心,見張寅彭:《清人總攝明詩的三部大型之著》,《古典文學知識》,1997年第5期(5月),第111頁。

録有李夢陽與李攀龍不合格律、抄襲模擬的“劣作”。[①] 據統計，書中被選五十首以上的詩人超過七十人，而超過一百首的，亦有二十九人。録高啓（季迪，1336－1374）的作品八百餘首，劉基五百六十餘首，楊基三百二十餘首，楊維楨約三百首，皆明初詩人。録李東陽（賓之，1447－1516）三百四十七首，程嘉燧二百十五首，為明初以後諸家的準的。這又可見錢謙益故意抬高被七子抨擊的李東陽，以作抗衡；而其過分推崇程嘉燧，又令後人覺得他的選録標準不夠公允。在選取七子詩作方面，何景明一百零五首，李夢陽五十首附“劣詩”五首，王世貞七十首，李攀龍二十四首並附“劣詩”三首，這都是有意的貶抑。而從選取詩作的數目上來看，相較於其他的明詩選本如陳子龍（臥子，1608－1647）的《皇明詩選》，七子的地位可謂一落千丈，且附有劣作示範，更是不忍卒睹了。而錢氏對於竟陵派的鍾惺及譚元春則更近乎人身攻擊，稱之為“亡國之音”，認為竟陵派的文風影響到國運，故而稱之為“詩妖”。[②] 又選歸有光（熙甫，1506－1571）二十一首，湯顯祖（義仍，1550－1616）一百三十五首，袁宏道八十七首，袁中道九十一首。這又可見他對湯顯祖及公安派這些反復古詩派者的推崇。

針對錢氏《列朝詩集》的品評失允，由朱彝尊録、汪森（晉賢，1653－1726）等數十人輯評了《明詩綜》一百卷。《四庫全書總目·明詩綜》記：

> 錢謙益《列朝詩集》出，以記醜言偽之才，濟以黨同伐異之

① 錢謙益：《列朝詩集》（上海：三聯書店，1989），第352、446頁。

② 袁枚認為《列朝詩集》對竟陵派的攻擊批評乃明代門户之見的遺風，見袁枚著、顧學頡校點：《隨園詩話》（北京：人民文學出版社，1998），上册，卷上，第3條，第2頁。

見，逞其恩怨，顛倒是非，黑白混淆，無復公論。彝尊因衆情之弗協，乃編纂此書，以糾其謬。……六十七年以來，謙益之書，久已澌滅無遺，而彝尊此編，獨為詩家所傳誦。①

而朱氏亦説他編《明詩綜》乃有感於錢氏所編《列朝詩集》，“不加審擇，甄綜寥寥”，故欲糾其失而“補《列朝》選本之闕漏”。②

儘管錢氏的著作在乾隆年間遭受禁燬，而朱氏的《明詩綜》則頗為官方稱許，但無論如何，《列朝詩集》那種貶斥前、後七子的强烈意向性及其影響，遠非《明詩綜》所能調和。就是在如此的詩壇背景底下，沈德潛這樣評價這些明詩選本：

編明詩者，陳黄門臥子（子龍）《皇明詩選》，正德以前殊能持擇，嘉靖以下形體徒存。尚書錢牧齋（謙益）《列朝詩集》，於青邱（高啓）、茶陵（李東陽）外，若北地（李夢陽）、信陽（何景明）、濟南（李攀龍）、婁東（顧麟），概為指斥，且藏其所長，録其所短，以資排擊。而於二百七十餘年中，獨推程孟陽（嘉燧）一人。而孟陽之詩，纖詞浮語，衹堪争勝於陳仲醇諸家。③

在此，沈德潛批評陳子龍的《皇明詩選》在嘉靖以後選詩不精。沈氏又評錢謙益的《列朝詩集》失之公允，排擊復古詩派，“藏其所長，録其所短，以資排擊”；而其所大力揄揚的程嘉燧的詩作，實在不甚

① 永瑢等撰：《四庫全書總目》（北京：中華書局，1987），下冊，卷一九〇，第1730頁。

② 朱彝尊：《答刑部王尚書論明詩書》，《曝書亭集》，（臺北：中華書局，1981），第2冊，卷三三，第283－284頁。

③ 沈德潛：《序》，《明詩別裁集》（香港：中華書局，1977），第1頁。

了了，故而將《列朝詩集》之選譏評為：

捨丹砂而珍溲勃，貴箏琶而賤清琴，不必大匠國工，始知其誣妄也。①

以沈德潛温柔敦厚的個性而言，上述的文字可稱得上是非常激烈的批評了！相對而言，沈氏對朱彝尊《明詩綜》的評價則較高：

國朝朱太史竹垞《明詩綜》，所收三千四百餘家，泯門户之見，存是非之公，比之牧齋，用心判别。②

這是指朱彝尊之選没有如錢謙益的門户之見。然而，《明詩綜》亦有嚴重的缺失：

……然備一代之掌故，匪示六義之指歸，良楛正閏，雜出錯陳，學者將問道以親風雅，其何道之由？③

有鑒於以上三種明詩選本的缺失，沈德潛選明詩有如下標準：

余與周子欽萊（準）夙有同心，慨焉決擇，合群公選本暨前賢名稿别而裁之，於洪、永之詩删其輕靡，於弘、正、嘉、隆之詩汰其形似，萬曆、天啓以下遂寥寥焉。而勝國遺老，廣為搜羅，

① 沈德潛：《序》，《明詩别裁集》（香港：中華書局，1977），第1頁。
② 沈德潛：《序》，《明詩别裁集》（香港：中華書局，1977），第1頁。
③ 沈德潛：《序》，《明詩别裁集》（香港：中華書局，1977），第1頁。

比宋逸民《谷音》之選，得詩十二卷，凡一千一十餘篇，皆深造渾厚和平淵雅，合於言志永言之旨。而雷同沿襲……凡無當於美刺者，屏焉。①

從其刪洪武、永樂年間詩的輕靡，汰弘治、正德、嘉靖、隆慶年間詩的形似，至於說萬曆與天啓年間則無甚佳作，可見沈德潛對明詩的真實情況是瞭然於胸的，而這種見解也確是的論。至於其屏棄雷同、沿襲，選"深造渾厚和平淵雅"、"合於言志永言之旨"以及不合美刺之旨皆棄等標準而言，更可見沈氏始終貫徹選詩的準則。

一般人對明詩的評價都不高，但沈德潛對明代詩歌有如下的評價：

宋詩近腐，元詩近纖，明詩其復古也。而二百七十餘年中，又有升降盛衰之别。嘗取有明一代詩論之：洪武之初，劉伯温之高格，並以高季迪、袁景文諸人，各逞才情，連鑣並軫，然猶存元紀之餘風，未極隆時之正軌。永樂以還，體崇臺閣，骫骳不振。弘、正之間，獻吉、仲默力追雅音，庭實、昌穀左右驂靳，古風未墜。餘如楊用修之才華、薛君采之雅正、高子業之冲淡，俱稱斐然。于鱗、元美，益以茂秦，接踵曩哲。雖其間規格有餘，未能變化，識者咎其鮮自得之趣焉。然取其菁英，彬彬乎大雅之章也。自是而後，正聲漸遠，繁響競作，公安袁氏，竟陵鍾氏、譚氏，比之自鄶無譏，蓋詩教衰而國祚亦為之移矣。此升降盛衰之大略也。②

① 沈德潛：《序》，《明詩别裁集》（香港：中華書局，1977），第1頁。
② 沈德潛：《序》，《明詩别裁集》（香港：中華書局，1977），第1頁。

不同於錢謙益在《列朝詩集》中對復古詩派的肆意排擊,沈德潛肯定前七子復古之功,在於彼等提倡復古而使"古風未墜"。沈氏雖嫌復古詩派"規格有餘,未能變化",然亦稱許他們"取其菁英,彬彬乎大雅之章也",即是說,後七子中人亦不乏佳作。值得一提的是,不同於《明史》的評價,沈德潛認為李夢陽與何景明並非反對臺閣體,而是繼承臺閣體:

> 永樂以還,崇"臺閣體",諸大老倡之,衆人應之,相習成風,靡然不覺。李賓之力挽頹瀾,李、何繼之,詩道復歸於正。[1]

在此,沈德潛稱前七子的領袖李夢陽與何景明等人的復古而使明詩復歸於正,又肯定李、何對當時臺閣體領袖李東陽的詩學理念有所傳承。沈德潛又這樣評價以李東陽為首的茶陵派:

> 永樂以後詩,茶陵起而振之,如老鶴一鳴,喧啾俱廢。後李、何繼起,廓而大之,駸駸乎稱一代之盛矣。王元美謂長沙之於何、李,猶陳涉之啓漢高。此習氣未除,不免抑揚太過,宜招後人之掊擊也。[2]

① 見霍松林、杜維沫校注:《原詩·一瓢詩話·說詩晬語》(北京:人民文學出版社,1998),第238頁。事實上,沈德潛並不認同後世以"七子"稱李夢陽、何景明等人,沈德潛認為:"徐昌穀大不及李(夢陽),高不及何(景明),而倩朗清潤……自能獨尊吳體。邊庭實(貢)、王子衡(廷相)同羽翼李何,而地位少下。康對山(海)涉筆膚庸,一往易盡。'七子'之名,不必存也。"見霍松林、杜維沫校注:《原詩·一瓢詩話·說詩晬語》(北京:人民文學出版社,1998),第239頁。

② 沈德潛選評:《明詩別裁集》(香港:中華書局,1977),卷三,第34頁。

前、後七子與臺閣體及茶陵派的關係錯綜複雜,並非三言兩語便可解決,但無論如何,這是沈氏個人對於明詩在傳承上的獨到見解。

沈德潛正面肯定前、後七子,這與明末以來詩壇中人如公安三袁、竟陵派的鍾惺與譚元春以至於清初的錢謙益甚至沈氏的老師葉燮的見解都是截然不同的。這是因為前、後七子的詩學理念力圖恢復唐人氣象闊大、格高調響的風貌,所以與沈氏的主張頗多相通之處。在《説詩晬語》中,沈德潛説:

> 李獻吉雄渾悲壯,鼓蕩飛揚;何仲默秀朗俊逸,迴翔馳驟。同是憲章少陵,而所造各異,駸駸乎一代之盛矣。錢牧齋信口掎摭,謂其"摹擬剽賊,同於嬰兒學語",至謂"讀書種子,從此斷絶"。此為門户起見,後人勿矮人看場可也。①

這都是對復古詩派較為客觀平正的批評與肯定。沈德潛認為,任憑錢謙益的詆譭,復古詩派在詩壇上的功績及彼等的佳作終不會被埋没。

對於明末詩壇,沈德潛則為之扼腕:

> 王、李既興,輔翼之者……又病在翻新弔詭。一變為袁中郎兄弟之詼諧,再變為鍾伯敬、譚友夏之僻澀,三變為陳仲醇、程孟陽之纖佻。回視嘉靖諸子,又古民之三疾矣。論者獨推

① 見霍松林、杜維沫校注:《原詩·一瓢詩話·説詩晬語》(北京:人民文學出版社,1998),第240頁。

孟陽，歸咎王、李，而並認論李、何為作俑之始。其然，豈其然乎？[①]

這裏所批評的乃是錢謙益在《列朝詩集》中對後七子的王世貞與李攀龍的過分排擊，言下之意即是明末詩壇之弊並非始於王、李，而是公安派的"詼諧"、竟陵派的"僻澀"以及陳繼儒、程嘉燧的"纖佻"所造成的。

基於對明代詩壇的獨特理解，沈德潛在《明詩別裁集》中選録的詩人便大大不同於錢謙益的《列朝詩集》，亦迥異於陳子龍的《皇明詩選》與朱彝尊的《明詩綜》。在《列朝詩集》中，前、後七子並未有任何一位能躋身選詩最多的前十位。而作為復古派繼承者的陳子龍，在其所編的《皇明詩選》中，選詩最多的前十位中，前七位都是前、後七子中人，而且選詩最多的前十位中便有八位是前、後七子中人。[②] 其中，前七子佔三位（何景明、李夢陽、徐禎卿），合共選詩三百一十二首，後七子佔五位，合共選詩三百九十三首。這就是説，陳子龍一共選了前、後七子的詩作七百零五首，約佔《皇明詩選》選詩的百分之五十八點五。[③] 令人吃驚的是，明初的著名詩人高啓與劉基等人均未能進入前十名。至於朱彝尊的《明詩綜》，選詩人三千四百多家，選詩最多的前十位當中，前、後七子佔三人，分別為排第三位的李夢陽（八十首）、第四位的何景明（七十八首）及第七位的徐禎卿（五十首），合共二百零八首，約佔《明詩綜》選詩的

---

① 見霍松林、杜維沫校注：《原詩·一瓢詩話·説詩晬語》（北京：人民文學出版社，1998），第240－241頁。

② 見楊松年：《中國古典文學批評論集》（香港：三聯書店，1987），第77頁。

③ 見楊松年：《中國古典文學批評論集》（香港：三聯書店，1987），第76－78頁。

百分之二點零五。[1] 相對於錢謙益《列朝詩集》與陳子龍《皇明詩選》對前、後七子的各趨極端以及朱彝尊《明詩綜》的"雜出錯陳",沈德潛在《明詩別裁集》中對前、後七子則表現得較為中肯、嚴謹。在《明詩別裁集》選詩最多的前十位中,前、後七子佔了前六位,以前七子的何景明入選四十九首為首,李夢陽佔四十七首,徐禎卿佔二十三首;後七子的王世貞佔四十首,李攀龍佔三十五首,謝榛佔二十六首。前、後七子的入選作品合共二百二十首,約佔《明詩別裁集》所有作品的百分之二十一點六。然明顯的,沈氏對前、後七子的接受程度,既不如錢謙益《列朝詩選》的極端排斥,亦非陳子龍《皇明詩選》的過分推崇。沈氏之選,反映了他對前、後七子中肯的批判與肯定。至於明初名詩人高啓與劉基,則分別排第七及第八位,各入選二十一首及二十首。[2] 而在《列朝詩集》中被錢謙益大力吹捧、佔詩二百一十五首的程嘉燧在《明詩別裁集》中衹佔四首。沈德潛在"程氏小傳"中録邵長蘅(子湘,1637－1704)攻擊程嘉燧之言後說:

> 予録其氣清格整、去風雅未遠者四章,見孟陽自有真詩,勿因牧齋之過許,而毛舉其疵以掩之也。[3]

這裏所呈現的正是以詩論詩的選家風度,絶對迥異於明代選詩中

① 見楊松年:《中國古典文學批評論集》(香港:三聯書店,1987),第77頁。

② 見楊松年:《中國古典文學批評論集》(香港:三聯書店,1987),第79頁。

③ 沈德潛選評:《明詩別裁集》(香港:中華書局,1977),卷一〇,第111頁。

因門户之見而互相鞭撻。至於錢謙益在《列朝詩集》中列舉前、後七子中人的劣詩以示貶斥，更是貽笑大方。

對竟陵派的評價，沈德潛則一如前人，對鍾惺與譚元春大肆抨擊，在《説詩晬語》中説："詩至鍾譚諸人，衰極矣。"①故而他在《明詩別裁集》中不録竟陵派任何作品，這亦是不無偏失的。而不同於錢謙益對公安派的推許，沈德潛對公安派的評價亦不高，在《明詩別裁集》"袁宏道小傳"中便認為公安一派乃先於竟陵而令詩道中衰，②故而《明詩別裁集》中衹録公安三袁中的袁宏道一首作品。公安三袁衹有一首詩入選，是頗值得商榷的。然而可以理解的是，三袁的人生態度以及詩風的不羈浪漫與恪守温柔敦厚詩教的沈德潛是格格不入的。

五、選本與權力的關係：《清詩別裁集》

《清詩別裁集》之重要性絶不在其他選本之下，甚至可以説，其他選本乃沈德潛對明末清初詩學的回應，而此選則在於體現其選詩標準與作為一代宗師的人格。

1. 不選王次回的問題

沈德潛這樣説他不選王次回的原因：

> 詩必原本性情，關乎人倫日用及古今成敗興壞之故者，方

① 見霍松林、杜維沫校注：《原詩·一瓢詩話·説詩晬語》（北京：人民文學出版社，1998），第241頁。

② 沈德潛選評：《明詩別裁集》（香港：中華書局，1977），卷一〇，第109頁。

為可存，所謂其言有物也。若一無關係，徒辦浮華，又或叫號撞搪以出之，非風人之指矣。尤有甚者，動作温柔鄉語，如王次回《疑雨集》之類，最足害人心術，一概不存。①

沈氏不選王次回的詩，這與其一向推崇儒家温柔敦厚的詩教説是一致的。然而，沈德潛不選王次回的詩卻招來袁枚的猛烈攻擊：

> 聞《別裁》中獨不選王次回詩，以為艷體不足垂教，僕又疑焉。夫《關雎》即艷詩也，以求淑女之故，至於輾轉反側。使文王生於今，遇先生，危矣哉！……沈約事兩朝，佞佛，有綺語之懺，其人，小人也。次回才藻艷絶，阮亭集中，時時竊之。先生最尊阮亭，不容都不考也。②

袁枚譏諷沈德潛的泛道德論，認為即使文王遇見沈氏，亦有可能被視作淫蕩之人。因為一般解釋《詩經》，均將《關雎》視作明君思賢人，而將這種關係暗喻為君子思淑女。而所謂的"沈約事兩朝，佞佛，有綺語之懺，其人，小人也"似乎頗為突兀，可能是暗諷沈德潛選歷仕明、清兩朝的錢謙益以冠《清詩別裁集》之首的不當。袁枚便曾這樣大肆攻擊錢謙益："余讀《錢注杜詩》，而知錢為小人也。"③此外，袁枚更指出沈氏所尊敬的詩壇盟主王士禛的集子中亦

① 沈德潛選評：《清詩別裁集》（香港：中華書局，1977），第3頁。
② 袁枚著、周本淳標校：《小倉山房詩文集》（上海：上海古籍出版社，1988），下册，卷一七，第1504頁。
③ 袁枚著、顧學頡校點：《隨園詩話》（北京：人民文學出版社，1998），上册，第556頁。

常有王次回的影子，由此而建議沈氏應該重新考慮選録王次回的詩。

袁枚大力回護的王次回究竟是何許人呢？據近人鄭清茂的考證，王次回應生於明萬曆二十一年(1593)，死於崇禎十五年(1642)，享年五十。至於王次回之所以被誤作清代人，鄭清茂有這樣的解釋：

清代有些文獻誤認次回為"國朝"或"本朝"的詩人……如袁枚稱"本朝王次回"；又前引《金壇縣志》卷十一《藝文志》的著録，也説："《疑雨集》四卷，國朝王彦泓撰。"這種錯誤的形成是不難瞭解的。王次回的詩雖然膾炙人口，名滿江左，但因為生前無赫赫功名，祇是一個落魄潦倒的書生，所以一般人都祇欣賞他的詩，而不大注意他的生平。結果他的生平越來越模糊，至於生卒年月更不用説了。再加上《疑雨集》的刊印，又在次回死了很久，改朝換代以後的康熙年間，於是很容易令人發生錯覺……如此一錯，他就變成"國朝"或"本朝"的人了。[①]

若鄭清茂的考證没錯的話，那麽沈德潛在《清詩别裁集・凡例》中斥王次回《疑雨集》"足以敗壞人心"，固有不選其詩之意，亦可見他也誤以為王次回是清代人，所以在《清詩别裁集》中不收明人王次回的詩正是理有應當。然而由此可再一次印證，沈氏對一些不羈、浪漫的詩人如公安三袁、王次回與袁枚都没有好感，甚至可説有惡

① 鄭清茂：《王次回研究》，王次回著、鄭清茂校：《王次回詩集》(臺北：聯經出版事業公司，1984)，第17－18頁。

感。沈氏雖説是秉持温柔敦厚與雅正的詩觀，然而亦不無褊狹之嫌。

2. 從"微存史意"到删詩事件

《清詩别裁集》的可貴之處在於沈德潛在當時嚴苛的政治態勢下，竟敢提出以選詩"微存史意"：

> 前代臣工，為我朝從龍之佐，如錢虞山、王孟津諸公，其詩一並採入，準明代劉青田、危太樸例也。前代遺老而為石隱之流，如林茂之、杜茶村諸公，其詩概不採入，準明代倪雲林、席帽山人例也。亦有前明詞人，而易代以來，食毛踐土既久者，詩仍採入。編詩之中，微存史意。①

若按沈德潛編詩"微存史意"的觀點而選取錢謙益這些歷仕明、清兩朝者的詩作，本無其他的政治含意，因為錢氏的確是明末清初詩壇上一位舉足輕重的人物。然而，由於錢謙益歷仕兩朝，導致乾隆對沈德潛在《清詩别裁集》中以錢謙益冠首而大為不滿。乾隆在《序》中説：

> 德潛老矣！且以詩文受特達之知，所請宜無不允。因進其書而粗觀之，列前茅者，則錢謙益諸人也……要知其人，則非人類也。其詩自在，聽之可也。選以冠本朝諸人則不可，在德潛則尤不可。且詩者何？忠孝而已耳。離忠孝而言詩，吾

① 沈德潛：《凡例》，《清詩别裁集》（香港：中華書局，1977），第4頁。

不知其為詩也。謙益諸人為忠乎？為孝乎？德潛宜深知此義。今之所選，非其宿昔言詩之道也，豈其老而耄荒？子又不克，家門下士依草附木者流，無達大義、具巨眼人捉刀所為，德潛不及細檢乎？此書出，則德潛一生讀書之名壞，朕方為德潛惜之，何能阿所好而為之序？又錢名世者，皇考所謂“名教罪人”，是更不宜入選……①

因此，乾隆著令南書房諸臣刪改此集。② 直至沈德潛死後，乾隆仍派兩江總督高晉搜查沈家有否收藏錢氏的著作，③由此可見清廷高壓統治之一斑。

其實，沈德潛又何嘗不知錢謙益、錢名世（亮工，生卒年不詳）等官方所判定的“貳臣”與“名教罪人”④乃清廷的眼中釘？他又怎會不知選入這些詩人可能招來的麻煩？但他仍是依照自己的詩學理念來選詩。在清廷極端嚴苛的政治態勢下，沈德潛依然堅持嚴謹的、非功利的、非政治性的選詩的標準，為的是維持文學的獨立地位。由此可說，他並非一般的文學侍臣，更非一般論者所大力攻

---

① 王鍾翰點校：《沈德潛傳》，《清史列傳》（臺北：中華書局，1964），第5冊，卷一九，第1457－1458頁。

② 有關《國朝詩別裁集》的刪改詳情，可參謝正光、佘汝豐編著：《清初人選清初詩彙考》（南京：南京大學出版社，1998），第349－350頁。

③ 王鍾翰點校：《沈德潛傳》，《清史列傳》（臺北：中華書局，1964），第5冊，卷一九，第1459頁。

④ 錢名世乃雍正朝的侍講，因曾“作詩投贈年羹堯稱功頌德，備極諂媚”而被雍正親書“名教罪人”匾額張掛於宅第，加以凌辱，並被革職回籍。轉引自歷史研究編輯部編：《明清人物論集》（成都：四川人民出版社，1983），下冊，第120頁。

擊的"維護封建統治"[①]或"宣揚封建詩學的復古主義和教條主義"[②]。

《清詩別裁集》之選雖可謂勇氣可嘉,覆蓋的當世詩人,知名的或不知名的,均為數不少,然而令人遺憾的是偏偏缺少持論與他相反而又被時人視為風流才子的袁枚,原因亦不外道德上的問題。袁枚雖然推崇王次回,為人也不無可議之處,但實際上他是一位相當有才華的詩人,這是集中絕大多數的人都比不上的,甚至在清代也是頂尖之選。故此,《清詩別裁集》不選袁枚詩,是一個不可原諒的缺失。

六、博採各家之長:《杜詩偶評》

清代詩壇的另一熱潮便是注杜詩。[③] 研究杜詩,始於宋代,而進入明代,有關杜詩的研究更是絡繹不絕。[④] 其中以錢謙益與朱鶴齡(長孺,1606 – 1683)的注杜詩最為著名。錢氏早年撰有《讀杜小箋》上、中、下三卷,合共五十五則。次年又撰成《讀杜二箋》上、下兩卷,箋詩三十二則。又有《草堂詩小箋》,詩分古、近體共十九卷,

① 王英志:《沈德潛詩論精義述要》,《文學評論叢刊》,1984 年第 22 輯,第 339 頁。

② 葉朗:《關於沈德潛詩論的兩個問題》,《文學評論叢刊》,1981 年第 9 輯,第 35 頁。

③ 關於清初的杜詩研究,可參簡恩定:《清初杜詩學研究》(臺北:文史哲出版社,1986);許總:《明清杜詩學概觀》,《文學遺產》,1988 年第 6 期,第 115 – 124 頁。

④ 據許總的考察:"《四庫全書總目》著録有唐元竑《杜詩攟》等十種,《千頃堂書目》著録有熊釗《杜甫詩注》等十一種,此外,《紅雨樓書目》、《寶文堂書目》、《八千卷樓書目》、《販書偶記》,還著録九種。"見許總:《明清杜詩學概觀》,《文學遺產》,1988 年第 6 期,第 120 頁。

第二十卷為文集。中華書局排印本封面題作《錢注杜詩》。而朱氏則有《杜工部詩集輯注》與《杜詩箋注》，各二十卷。錢、朱二人因注杜而相知，亦因注杜而相惡。後來另一注杜名家仇兆鰲（滄柱，1638－1717）在《杜少陵集詳注》的《凡例》中指出錢、朱二人注杜的不同：

> 近人注杜如錢謙益、朱鶴齡兩家，互有異同：錢於《唐書》年月、釋典道藏，參考精詳；朱於經史典故及地理職官，考據分明。其刪汰猥雜，皆有廓清之功。[①]

錢氏以史證詩，而朱氏則重於考據，這亦是兩人因注杜而交惡的原因之一。[②]

繼錢、朱二人之後，清代注杜風氣更趨熾盛。較為知名的計有吳見思（生卒年不詳）的《杜詩論文》[③]、黃生（生卒年不詳）的《杜詩說》、仇兆鰲的《杜少陵集詳注》及浦起龍（二田，1679－1762）的《讀杜心解》。以上的注本均屬於全集校刊箋類。究竟沈德潛何以在當時注杜如此熾熱的情況下仍然編選《杜詩偶評》呢？在《杜詩偶評·序》中，他這樣談及此書的編選、刊刻經過：

① 仇兆鰲：《凡例·近人注杜》，《杜少陵集詳注》（北京：文學古籍刊行社，1955），第1冊，第3頁。

② 關於錢謙益與朱鶴齡兩人因注杜而起的交惡始末，錢謙益在《覆吳江潘力田書》中有詳細記載，見錢謙益：《牧齋初學集　牧齋有學集》（臺北：商務印書館，1967），第2冊，卷三九，第395－396頁。

③ 此書乃康熙十一年（1672）常州岱淵堂所刻。見周采泉：《杜集書錄》（上海：上海古籍出版社，1986），第177頁。

全集一千四百餘篇，今録三百餘篇，皆聚精會神，可續風雅者。學者深潛而熟，復之以次遍覽全集，雖頽然自放之作，皆成大家。知杜詩本無可選，並不藉評，則此本為得魚得兔之筌蹄可也。同邑潘子森千，予忘年友也，素嗜杜，與予同癖。任剞劂之資，並發凡起例，不欲使此本之湮没也。因牽連及之。[1]

序末題："乾隆丁卯秋八月長洲沈德潛題於京師之澄懷園。"[2]乾隆丁卯年，即乾隆十二年（1747）。事實上，《杜詩偶評》並非沈氏全新編選點評的杜詩選本，其中超過九成以上的詩作均與選於康熙五十四年（1715）、刻於康熙五十六年（1717）、增訂於乾隆二十八年（1763）的《唐詩別裁集》相同，衹有小部分是增入的，而其中的批語與《唐詩別裁集》完全一樣。《唐詩別裁集》的刊刻時間比《杜詩偶評》的時間早了近三十年，然其增訂本較《杜詩偶評》遲了十六年，究竟是《杜詩偶評》割自《唐詩別裁集》，還是《唐詩別裁集》中的杜詩乃從《杜詩偶評》中再精選出來的呢？現在我們無由得見康熙五十六年（1717）的《唐詩別裁集》，然而《唐詩別裁集》的增訂本中有

① 沈德潛：《杜詩偶評·序》，見（日本）渡會末茂編：《杜律評叢·杜詩偶評》（日本：中文出版社，文化六年），第3頁。關於沈德潛《杜詩偶評》的版本，胡可先在《沈德潛杜詩學述略》一文中記有："《杜詩偶評》的版本主要有清乾隆十二年賦閒草堂刻本，清嘉慶八年番禺桂阿石室刻本，一九二九年張廷貴注本，稱《音注杜少陵詩》。清顧湘又以《杜詩偶評》為底本，録汪琬、王士禛（禎）、王士禄三家評語，成《杜詩偶評匯批》。"見《杜甫研究學刊》，1994年第1期，第38頁。

② 見（日本）渡會末茂編：《杜律評叢·杜詩偶評》（日本：中文出版社，文化六年），第3－4頁。

一段話有助於理解增訂本與初刊本有何不同。在《重訂唐詩別裁集序》中,沈氏說:

> 鐫版問世已四十餘年矣。第當時採録未竟,同學陳子樹滋攜至廣南鐫就,體格有遺。倘學詩者性情所喜,欲奉為步趨,而選中偏未之及,恐不免如望洋而返也。因而增入諸家,如王(勃)、楊(炯)、盧(照鄰)、駱(賓王)唐初一體。老杜亦云"不廢江河萬古流"也。白傅諷諭,有補世道人心,本傳所云,箴時之病,補政之缺也。長吉嘔心,荒陊古奥,怨懟悲愁,杜牧之許為楚騷之苗裔也。又五言試帖,前選略見,今為制科所需,檢擇佳篇,垂示準則,為入春秋闈者導夫先路也。他如任華、盧仝之粗野,和凝香奩詩之褻嫚,與夫一切生梗僻澀及貢媚獻諛之辭,概排斥焉。且前此詩人未立小傳,未録詩話,今為補入。前此評釋亦從簡略,今較詳明。俾學者讀其詩,知其為人,抑因評釋而窺作者之用心,今人與古人之用心可如相告語矣。成詩二十卷,得詩一千九百二十八章。①

由此可見,增訂本所增加的祇是初唐四傑王勃、楊炯、盧照鄰、駱賓王以及白居易與李賀(長吉,790－816)的詩作;又因科制所需而增入五言試帖詩作為舉子的學習範本;此外,又排斥了任華(生卒年不詳)與盧仝(約795－835)等一切"褻嫚"、"生梗僻澀"及"貢媚獻諛"的作品,即是說,可能在初刊本時曾選入任、盧兩人的詩作,後來在增訂本中又刪去。由此可見,《唐詩別裁集》增訂本對前所選

① 沈德潛選評:《唐詩別裁集》(香港:中華書局,1977),第2頁。

的杜詩並無增删,衹在小傳及評釋上更為詳明而已。[1] 而由《杜詩偶評》所選的杜詩體裁的分佈、作品的排列次序以及評釋上絶大部分的重見,我們可以推斷,《杜詩偶評》是沈氏在重訂本《唐詩别裁集》中割取出來,再略為增删而成的。例如,《杜詩偶評》(卷一)五言古詩的七十九首作品,便盡取《唐詩别裁集》(卷二)的五十三首,另增入二十六首;[2]《杜詩偶評》(卷二)七言古詩的七十首中,盡取《唐詩别裁集》(卷六)的三十四首,[3]而作品的排列次序亦幾乎一樣;《杜詩偶評》(卷四)七言律詩的五十八首中,便有三十首與《唐詩别裁集》(卷一三)一樣,衹遺《城西陂泛舟》;[4]而《杜詩偶評》同卷(卷四)中五言長律的十九首中,十八首與《唐詩别裁集》(卷一七)的全部十八首篇名一樣。即是説,沈氏在《杜詩偶評》(卷四)的七十七首律詩中便取《唐詩别裁集》(卷一三及卷一七)四十九首中的四十八首。總括而言,《唐詩别裁集》卷二、卷六、卷七、卷一〇、卷一三及卷一七的合共一百一十二首杜詩中,便有一百一十首(百分之九十一點五)在《杜詩偶評》中出現,而這一百一十首在《杜詩偶評》四卷合共三百四十九首中,便佔百分之三十一點五。

---

① 胡幼峰認為《杜詩偶評》的成書可能是當時沈德潛奉命入上書房輔諸皇子讀書,或為教授杜詩而加以選評,故而評文多與《唐詩别裁集》之語重疊。見胡幼峰:《沈德潛詩論探研》(臺北:學海出版社,1986),第24頁。

② 另增入二十六首作品,詳見(日本)渡會末茂編:《杜律評叢·杜詩偶評》(日本:中文出版社,文化六年),卷一。

③ 另增入《秋雨歎三首》、《題壁上韋偃畫馬歌》及《戲韋偃為雙松圖歌》(共五首)及《唐詩别裁集》卷七中的二十四首;又增入《杜鵑行》、《海棕行》、《光禄阪行》、《相和歌辭·後苦寒行二首》、《發劉郎浦》、《朱鳳行》。此外,《唐詩别裁集》卷一〇"五言律詩"六十三首便有六十二首出現於《杜詩偶評》的卷三中,衹删除《促織》而已,又另外新增入四十八首詩。

④ 沈德潛選評:《唐詩别裁集》(香港:中華書局,1977),卷一三,第188-191頁。

現在再比較沈德潛《唐詩別裁集》中評杜詩與《杜詩偶評》一書的特色。前面提及錢謙益與朱鶴齡乃清初的注杜名家,從《唐詩別裁集》與《杜詩偶評》兩個選本中可見,沈德潛評杜詩乃深受錢、朱二人的影響。如在《唐詩別裁集》中評《送重表姪王砯評事使南海》時,他便說:

> 盧奐、宋璟為廣府節度使出者,出其上也。牧齋謂大歷四年,李勉除廣州刺史兼嶺南節度使,有善政。耆老以為可繼盧奐、宋璟、李朝隱之徒所謂親賢大夫,亦謂勉也。①

此批點在《杜詩偶評》中完全被刪掉。② 在《唐詩別裁集》中評《有感五首》之一,沈氏即直接引用"錢箋"的評語:

> (錢箋)李之芳使吐蕃被留經年,故以張騫乘槎為比。此慨節鎮擁重兵不能禦寇。③

然而,此評點卻不見於《杜詩偶評》中同一首詩的評語中。④ 由此可推斷,《杜詩偶評》乃從《唐詩別裁集》中抽出大部分的杜詩,再增加若干作品,刪去之前所採用的錢謙益與朱鶴齡兩人的箋注,在評點

① 沈德潛選評:《唐詩別裁集》(香港:中華書局,1977),第39頁。

② (日本)渡會末茂編:《杜律評叢·杜詩偶評》(日本:中文出版社,文化六年),卷一,第83-84頁。

③ 沈德潛選評:《唐詩別裁集》(香港:中華書局,1977),卷一〇,第153頁。

④ (日本)渡會末茂編:《杜律評叢·杜詩偶評》(日本:中文出版社,文化六年),卷三,第187頁。

《杜詩偶評》時已全採用個人的見解。

沈德潛評杜詩取於錢、朱兩家而又不囿於兩家之見，且時有不同的見解。例如，在評《同諸公登慈恩寺塔》時便質疑錢注的穿鑿：

> 後半首以下胸中鬱鬱硉硉，不敢顯言，故託隱語出之，以上皆實境也。錢牧齋謂通體皆屬此語，恐穿鑿無味。①

即是指出上半首乃寫景，後半首乃隱語，而錢謙益因為強以史證詩，在沈德潛看來，不免穿鑿無味。由此亦可見沈德潛對錢謙益以史證杜詩而失於穿鑿之弊的批評。又如在《洗兵馬》一詩，沈氏作出如下旁批：

> 肅宗即位，下制曰："復宗廟於函洛，迎上皇於巴蜀，導鑾輿而反正，朝寢門以問安，朕願畢矣！"詩中指此意，並非刺譏，牧齋所箋俱深文，未允。

又在此詩後說：

> 兩京克復，上皇還宮，正臣子欣幸之時，安有預探移宮之事而加以誹議乎？錢牧齋比之商臣、楊廣，過用深文。少陵忠愛切不若是。②

由《杜詩偶評》中沈德潛評杜詩可見，他亦如錢謙益般詳於《唐書》，

① 沈德潛選評：《唐詩別裁集》（香港：中華書局，1977），卷二，第30頁。
② 沈德潛選評：《唐詩別裁集》（香港：中華書局，1977），第97頁。

而在以史證詩方面則比錢氏更為靈活;同時他又兼備朱鶴齡注杜詩精於地理這一特長。《杜詩偶評》卷二評《悲陳陶》的題下,便突顯了沈德潛嫺熟《唐書》及地理:"陳陶斜在咸陽縣東,又名陳陶澤。《唐書》作陳濤。"①而在《奉贈韋左丞丈二十二韻》的旁批中亦有如下評語:

> 天寶二載詔天下有一藝者詣轂下。李林甫謂野無遺賢,皆下之。②

在《自京赴奉先縣詠懷五百字》題下有:

> 天寶十四載十月,上幸華清宫。十一月禄山反,詩應作於將反時。③

沈德潛評杜詩的特色在於取用錢謙益的以史證詩與朱鶴齡的訓詁之長,而又重於詩學方法上的評點。例如在評《北征》時便説:"竟用文章敘起,老氣無敵。"至中段"至尊尚蒙塵"以下又評:

> 到家後悲喜交集,詞尚未了,忽然入"至尊蒙塵",直起突

① (日本)渡會末茂編:《杜律評叢·杜詩偶評》(日本:中文出版社,文化六年),卷二,第111頁。

② (日本)渡會末茂編:《杜律評叢·杜詩偶評》(日本:中文出版社,文化六年),卷一,第20頁。同樣的評點可見於沈德潛選評:《唐詩別裁集》(香港:中華書局,1977),卷二,第29頁。

③ (日本)渡會末茂編:《杜律評叢·杜詩偶評》(日本:中文出版社,文化六年),卷一,第31頁。同樣的評點可見於沈德潛選評:《唐詩別裁集》(香港:中華書局,1977),卷二,第31頁。

接，他人無此筆力。

而在詩後又評說：

短篇超然而起，悠然而止，不必另綴起結。長篇必鋪敘有倫，起結整齊，方為合格。讀杜詩須從此等大篇著意。漢魏以來未有此格，少陵特為開出。公之忠愛謀略具見，詩史詩聖，應以此等目之。①

在評《飲中八仙歌》時說：

前不用起，後不用束，袚差歷落，或多或少，八章仍似一章，古無此格。每人各贈幾言，故有重韻而不妨礙。②

在評《戲韋偃為雙松圖歌》時道：

突兀起不妨平接，如"堂上不合生楓樹"，下接"聞君掃卻赤縣圖"是也。平調起必須用警語，如"天下幾人畫古松"，下接"絶筆長風起纖末"是也。學者於此求之，古風之法得矣。③

---

①（日本）渡會末茂編：《杜律評叢·杜詩偶評》（日本：中文出版社，文化六年），第41、44頁。

②（日本）渡會末茂編：《杜律評叢·杜詩偶評》（日本：中文出版社，文化六年），第102頁。

③（日本）渡會末茂編：《杜律評叢·杜詩偶評》（日本：中文出版社，文化六年），第124頁。

這種為學詩者作詩法上的剖析,可謂抽絲剥繭,要言不煩,一語中的。若非浸淫日久而有深切體會,絶不能如此娓娓道來。除了其選詩在各種詩體上較為平均之外,其精當的評點,亦乃《杜詩偶評》能流傳到日本並大受歡迎的原因。①

七、總結

面對明末清初詩壇遺留下來的許多繁複的詩學論争,沈德潛畢生致力於詩學的批判與傳承,其詩學理念基本體現於其詩選當中。整體而言,他所編選的《古詩源》、《唐詩别裁集》及《明詩别裁集》乃回應明代以前、後七子為主的復古詩派的"詩必盛唐"之桎梏,力倡溯源,匡正了李攀龍《古今詩刪》中選唐詩部分(《唐詩選》)大篇幅偏重盛唐。明末清初以來的詩壇對前、後七子的詩學理念與創作,大致上均傾向於詆譭與斥責,沈德潛則在《明詩别裁集》中予以批判性的肯定;另一方面又採取以杜詩與韓詩的温柔敦厚與雄奇磅礴兼濟王士禛《唐賢三昧集》之偏於清淡。《宋金三家詩選》之選足見他並非尊唐而絀宋,他雖然亦從杜詩的傳承關係而選蘇軾、陸游與元好問的詩,但亦如其所言,他並不廢宋詩,更非如時人的非唐即宋的褊狹。在面向當時注杜的熱潮時,《杜詩偶評》兼取錢謙益與朱鶴齡兩家之長而融以個人的詩學評點,為明、清之際的杜詩學作出了重大的貢獻。

① 袁志彬認為有兩個原因造成《杜詩偶評》之所以得以廣泛流傳並在日本造成頗大的影響:"一是此書是一部各體皆備的較為完善的杜詩選本;二是此書評點文字置於行間、詩末,無長言大論,評語少而精到,頗得要領,多啓竅要,有利於初學。"見袁志彬:《沈德潛及其杜詩論(上)》,《杜甫研究學刊》,1995年第3期,第44頁。

在處理過去詩壇所面對的困難上,沈德潛的幾個選本均具針對性,在取捨上純從詩學角度作考量,既擺脱了明末以來選詩的門户之見,亦不染清初以降選詩以求結納的功利之圖。身處高壓政治的環境下,沈德潛並没有因此而卻步,《明詩別裁集》與《清詩別裁集》不選公安三袁與袁枚,與其力求温柔敦厚與雅正的詩學理念有很大的關係,然而亦不無可議之處,這或與其"以詩存人"、"微存史意"的理念不無衝突。然而總體而言,沈德潛的選詩標準與詩學理念,在特定的時代環境當中,已盡了保留佳作、弘揚詩學的責任,更是無懼嚴苛政治審查的明證,亦是其獨立人格的表現,可惜最終還是因《清詩別裁集》觸及政治禁忌而死後遭撲碑之厄。文學與政治之間的衝突或本不應出現於堅持"温柔敦厚"的詩學理念的沈德潛身上,然而一個"微存史意"的理念,雖令其頓失帝王的恩寵,慘遭死後撲碑之恥,卻保留了其值得後世尊敬的情操。

第六章 結　論

面對明末清初詩壇所遺延下來的繁複而精彩的論争,沈德潛傾畢生之力,以多姿而獨到的詩學體系作回應,紓解了明代復古詩派及其反對者自明末清初以來的困思。

沈德潛指出應該上溯詩歌之源,返回《詩》、《騷》傳統,統攝整個詩歌發展史,不桎梏於復古詩派"詩必盛唐"的復古詩觀。從對李攀龍"唐無五言古詩而有其古詩"的詩史觀的突破而至於拈出"以意運法"的詩學方法論,從而紓解了前、後七子泥於"摹擬"與"復古"之間的困思。更重要的是,他以實際的選詩行動,將詩學理念付諸實踐。《古詩源》既是學詩者的範本,更是針對明代前、後七子復古詩學理念中近體必學盛唐而古體必學漢魏的突破。提出上溯詩歌的源頭,指出唐詩乃詩教漸衰之始,從而打破了復古詩派"詩必盛唐"所嚮往的美麗卻是徒勞的夢幻。

與復古詩派一樣,沈德潛亦以杜詩為格調派的典範,强調其獨創性、其變與其不拘一格。此外,沈德潛又轉化"性靈",會通"格調"與"神韻",這可謂是從前、後七子的偏於嚴羽詩論中的格調到王士禛的偏於嚴羽詩論中的神韻一端的會通,而這正是明末清初以來的詩壇,從復古詩派而至公安派而至竟陵派而至王士禛的神韻說一路以來以偏救偏的突破。

標舉以杜詩為的乃沈德潛立意溝通格調與温柔敦厚之所在。格調既是沈氏對前、後七子詩學上的傳承,亦是沈德潛當時身處的社會形態下的聲音,即是唱出盛世之音,而非七子的慷慨悲歌。故而,温柔敦厚即是格調派在創作上的思想内容的指導,而格調即是其形式音韻方面的追求。這樣便不難明白何以他既以杜詩為詩學方法論的典範,而又處處強調杜詩的忠君愛國思想,突顯杜詩在内容與表現手法上合於温柔敦厚的詩教。

若純以"温柔敦厚"一端而論沈德潛的詩論,則有些論者斥之為封建政權的"走狗"、"奴才",這樣拘執一偏而下判斷並非客觀的學術研究。我們一方面既要從"格調"與"温柔敦厚"這兩個屬於沈德潛詩論的核心入手,探索其關係所在,另一方面,我們亦應著眼當時的政治態勢,對身處其中者如王士禛以至於沈德潛的詩論背後可能蘊藏的意識形態元素作出衡量,這樣便期冀能做到内緣上的學術與外在的政治因素相結合的客觀研究。清初以降,清廷在意識形態上的刻意經營與風聲鶴唳的文字獄雙管齊下,"温柔敦厚"這一傳統詩教由官方的大力鼓吹而作為意識形態的策略而至於沈德潛將之融入"格調說",故能獨鳴於世。然從詩學角度而言,"温柔敦厚"作為格調派詩學的重要元素之一的意義有兩點:一方面在於詩歌的内容方面,"盛世"及其恐怖時代的文字獄底下焉能容忍"噍殺之音"? 另一方面,這也相對地在風格與思想内容上較"流連景光"的神韻說邁出了一大步,為當時的詩學困境找到了突破處。故由此而言,"温柔敦厚"是沈德潛用來規範格調詩說又能安然無恙於嚴苛的意識形態的必要元素。

故而,沈氏在《唐詩別裁集》中固然以格調濟王士禛《唐賢三昧集》及其神韻説的不足，而其中更是力求以合於温柔敦厚的性靈説以會通格調與神韻。《唐詩別裁集》中大量選録杜詩及《杜詩偶評》，正是沈德潛力求融合格調及温柔敦厚兩個詩學理念的努力所在。

沈氏趣向在唐詩，然並不排斥宋詩，晚年編選了《宋金三家詩選》。然而，其所選亦是出於蘇東坡、陸游與元好問的詩淵源於杜甫，這無疑太過堅持個人的詩學理念而未能欣賞到宋詩的真趣。而從《明詩別裁集》這一選本則可見沈德潛對明代風起雲湧的詩壇的批判。有別於錢謙益對前、後七子的強烈貶抑，沈德潛充分肯定前、後七子對明代詩壇的貢獻，又不乏中肯獨到的批評。然而對公安派以至於竟陵派的評價顯然又過低，這與其詩學理論的偏向不無關係。沈德潛之所以為堂堂的詩論家，不為文化奴隸，不為文學弄臣，正可從其編選《清詩別裁集》可見一斑。"以詩存人，不以人存詩"正是文學獨立於政治以外的堂皇而明亮的主張。綜觀明清兩代選詩者的選詩標準，大多出於派别標榜與門户之争，而沈德潛的選詩標準則突顯了其正直的人格，這是作為文人的光輝的一面。錢謙益被冠於《清詩別裁集》之首，乃"以詩存人"、"微存史意"，然而更重要的意義在於沈德潛力求文學獨立於政治，超然於意識形態，儘管他不可能不知道收録錢謙益這種為清廷恨之入骨的貳臣以及錢名世這樣的名教罪人的詩作所會惹來的麻煩。

沈德潛便是這樣一個風骨錚錚的具有良知的詩學家。

徵引書目

凡　例

一、本書目衹包括正文及注釋曾徵引的書籍和論文。

二、本書目分兩部分：

Ⅰ　中文專籍及博士、碩士論文；

Ⅱ　中文期刊及單篇文章。

三、中文資料排列，以著、編者等姓氏第一字筆畫為序。

Ⅰ

丁福保編:《歷代詩話續編》(北京:中華書局,1983)。

丁福保輯:《清詩話》(上海:上海古籍出版社,1978)。

于慎行:《穀城山館詩集》(臺北:商務印書館影印文淵閣本,1977)。

王世貞:《弇州山人續稿》(臺北:文海出版社,1970)。

王世貞著、羅仲鼎校點:《藝苑卮言校注》(濟南:齊魯書社,

1992)。

王先霈、王又平主編:《文學批評術語詞典》(上海:上海文藝出版社,1999)。

王次回著、鄭清茂校:《王次回詩集》(臺北:聯經出版事業公司,1984)。

王士禛著,惠棟、金榮注:《漁洋精華録集注》(濟南:齊魯書社,1992)。

王士禛編,吴煊、胡棠注:《唐賢三昧集箋注》(香港中文大學新亞圖書館,光緒九年翰墨園重刊)。

王士禛:《十種唐詩選》(臺北:廣文書局,1971)。

王士禛:《池北偶談(外三種)》(上海:上海古籍出版社,1993)。

王夫之評選、張國星校點:《古詩評選》(北京:文化藝術出版社,1997)。

王夫之評選、王學太校點:《唐詩評選》(北京:文化藝術出版社,1997)。

王小舒:《神韻詩史》(臺北:文津出版社,1994)。

王彬:《禁書·文字獄》(北京:中國工人出版社,1992)。

王昶:《湖海詩傳》(北京:商務印書館,1958)。

王瑶:《關於中國古典文學問題》(上海:古典文學出版社,1956)。

王重民:《中國善本書提要》(上海:上海古籍出版社,1983)。

王鍾翰點校:《清史列傳》(臺北:中華書局,1964)。

仇兆鰲:《杜少陵集詳注》(北京:文學古籍刊行社,1955)。

方孝岳:《中國文學批評》(北京:三聯書店,1986)。

永瑢等撰:《四庫全書總目》(北京:中華書局,1987)。

成復旺、黄保真、蔡鍾翔:《中國文學理論史:明清鴉片戰争前時期》(臺北:洪葉文化事業出版有限公司,1994)。

朱彝尊:《曝書亭全集》(臺北:中華書局,1981)。

朱彝尊著、姚祖恩編、黄君坦校點:《静志居詩話》(北京:人民文學出版社,1998)。

朱東潤等:《中國文學批評家與文學批評》(臺北:學生書局,1971)。

朱自力:《説詩晬語論歷代詩》(臺北:里仁書局,1994)。

何景明著、李淑毅等點校:《何大復集》(鄭州:中州古籍出版社,1989)。

吴之振等輯、顧廷龍主編:《宋詩鈔 宋詩鈔補》(上海:三聯書店,1988)。

吴宏一:《清代詩學初探》(臺北:學生書局,1985)。

吴宏一:《清代文學批評論集》(臺北:聯經出版事業公司,1998)。

吴瑞泉:《沈德潛及其格調説》(臺北:東吴大學中國文學研究所碩士論文,1981)。

吴瑞泉:《明清格調説》(臺北:東吴大學中國文學研究所博士論文,1988)。

吴兆路:《中國性靈文學思想研究》(臺北:文津出版社,1995)。

吴枝培:《中國文論要略》(南京:南京大學出版社,1994)。

沈德潛:《沈歸愚詩文全集》(香港科技大學藏臺灣"中央研究院"傅斯年圖書館清乾隆年間刊本複印本)。

沈德潛:《古詩源》(香港:上海印書館,1962)。

沈德潛選評:《唐詩别裁集》(香港:中華書局,1977)。

沈德潛選評:《明詩别裁集》(香港:中華書局,1977)。

沈德潛選評:《清詩別裁集》(香港:中華書局,1977)。

李東陽著、周寅賓點校:《李東陽集》(長沙:岳麓書社,1983)。

李夢陽:《空同集》(上海:上海古籍出版社,1991)。

李攀龍撰、王雲五主編:《古今詩刪》(臺北:商務印書館,1978)。

李贄:《續藏書》(臺北:學生書局,1986)。

杜松柏主編:《清詩話訪佚初編》(臺北:新文豐出版公司,1987)。

邵懿辰撰、邵章續録:《增訂四庫簡明目録標注》(臺北:世界書局,1961)。

周采泉:《杜集書録》(上海:上海古籍出版社,1986)。

周偉明:《明清詩歌史論》(長春:吉林教育出版社,1995)。

青木正兒撰、陳淑女譯:《清代文學評論史》(臺北:開明書店,1969)。

林秀蓉:《沈德潛及其弟子詩論之研究》(高雄:高雄師範大學國文研究所哲學碩士論文,1986)。

姚覲元編、孫殿起輯:《清代禁燬書目(補遺)·清代禁書知見録》(上海:商務印書館,1957)。

施閏章:《學餘堂文集》(臺北:商務印書館,1972)。

胡幼峰:《沈德潛詩論探研》(臺北:學海出版社,1986)。

胡應麟:《詩藪》(上海:中華書局上海編輯所,1962)。

馬茂元:《晚照樓論文集》(上海:上海古籍出版社,1981)。

馬積高:《清代學術思想的變遷與文學》(長沙:湖南人民出版社,1996)。

高棅:《唐詩品彙》(上海:上海古籍出版社,1981)。

袁中道著、阿英點校:《珂雪齋文集》(上海:上海雜誌公司,

1936)。

袁行霈、孟二冬、丁放:《中國詩學通論》(合肥:安徽教育出版社,1994)。

袁枚著、周本淳標校:《小倉山房詩文集》(上海:上海古籍出版社,1988)。

袁枚著、顧學頡校點:《隨園詩話》(北京:人民文學出版社,1998)。

袁震宇、劉明今:《明代文學批評史》(上海:上海古籍出版社,1991)。

孫之梅:《錢謙益與明末清初文學》(濟南:齊魯書社,1996)。

孫琴安:《唐詩選本六百種提要》(西安:陝西人民教育出版社,1987)。

孫立:《明末清初詩論研究》(廣州:廣東高等教育出版社,1999)。

翁方綱:《復初齋文集》(臺北:文海出版社,1966)。

郭成康、林鐵均:《清朝文字獄》(北京:群衆出版社,1990)。

郭紹虞:《中國詩的神韻、格調及性靈説》(香港:崇文書店,1971)。

郭紹虞主編:《清詩話續編》(上海:上海古籍出版社,1983)。

郭紹虞:《中國文學批評史》(上海:上海古籍出版社,1988)。

陸心源:《皕宋樓藏書志 皕宋樓藏書續志》(北京:中華書局,1990)。

陳子龍等編選:《皇明詩選》(上海:華東師範大學出版社,1991)。

陳田:《明詩紀事》(上海:上海古籍出版社,1993)。

陳國球:《鏡花水月》(臺北:東大圖書公司,1987)。

陳國球:《胡應麟詩論研究》(香港:華風書局,1986)。

陳國球:《唐詩的傳承》(臺北:學生書局,1990)。

陳書録:《明代前後七子研究》(南昌:江西人民出版社,1994)。

陳書録:《明代詩文的演變》(南京:江蘇教育出版社,1996)。

陳良運:《中國詩學批評史》(南昌:江西人民出版社,1995)。

陳良運等主編:《中國歷代詩學論著選》(南昌:百花洲文藝出版社,1995)。

康海:《對山集》(臺北:商務印書館,1972)。

乾隆選評、冉苒校點:《唐宋詩醇》(北京:中國三峽出版社,1997)。

張廷玉等撰:《明史》(北京:中華書局,1974)。

敏澤:《中國文學理論批評史》(北京:人民文學出版社,1981)。

皎然著、周維德校注:《詩式校注》(杭州:浙江古籍出版社,1993)。

竟陵派文學研究會編:《竟陵派與晚明文學革新思潮》(武漢:武漢大學出版社,1987)。

許建昆:《李攀龍文學研究》(臺北:文史哲出版社,1987)。

許志剛:《嚴羽評傳》(南京:南京大學出版社,1997)。

鄔國平、王鎮遠合撰:《清代文學批評史》(上海:上海古籍出版社,1995)。

(日本)渡會末茂編:《杜律評叢・杜詩偶評》(日本:中文出版社,文化六年)。

黄宗羲:《黄宗羲全集》(杭州:浙江古籍出版社,1985)。

焦竑著、顧思點校:《玉堂叢語》(北京:中華書局,1981)。

葛萬里編:《清錢牧齋先生謙益年譜》(臺北:商務印書館,1981)。

楊慎著、楊文生校箋:《楊慎詩話校箋》(成都:四川人民出版社,1990)。

楊松年:《中國古典文學批評論集》(香港:三聯書店,1987)。

楊松年:《中國文學評論史編寫問題論析》(臺北:文史哲出版社,1988)。

鈴木虎雄撰、洪順隆譯:《中國詩論史》(臺北:商務印書館,1972)。

廖可斌:《復古派與明代文學思潮》(臺北:文津出版社,1994)。

蔣凡、郁沅主編:《中國古代文論教程》(北京:中國書籍出版社,1994)。

蔡景康編選:《明代文論選》(北京:人民文學出版社,1993)。

劉世南:《清詩流派史》(臺北:文津出版社,1995)。

劉若愚著、杜國清譯:《中國文學理論》(臺北:聯經出版事業公司,1981)。

魯迅著,吴子敏、徐乃翔、馬良春編:《魯迅論文學與藝術》(北京:人民文學出版社,1980)。

潘禾評、吴権參:《李于麟先生唐詩選平箋注》(八卷)[香港中文大學圖書館特藏,乾隆丁卯(1747)映雪艸堂刊行]。

歷史研究編輯部編:《明清人物論集》(成都:四川人民出版社,1983)。

蕭華榮:《中國詩學思想史》(上海:華東師範大學出版社,1996)。

錢謙益:《牧齋初學集 牧齋有學集》(臺北:商務印書館,1967)。

錢謙益:《列朝詩集》(上海:三聯書店,1989)。

錢仲聯主編:《中國文學家大辭典·清代卷》(北京:中華書局,

1996)。

霍有明:《論唐詩繁榮與清詩演變》(北京:中國社會科學出版社,1997)。

霍松林、杜維沫校注:《原詩·一瓢詩話·説詩晬語》(北京:人民文學出版社,1998)。

簡恩定:《清初杜詩學研究》(臺北:文史哲出版社,1986)。

簡錦松:《明代文學批評研究》(臺北:學生書局,1989)。

謝正光、佘汝豐編著:《清初人選清初詩彙考》(南京:南京大學出版社,1998)。

謝榛、王夫之著,宛平、舒蕪點校:《四溟詩話·薑齋詩話》(北京:人民文學出版社,1998)。

鍾惺、譚元春合編:《詩歸》[香港大學馮平山圖書館特藏,明萬曆四十五年(1617)閔氏朱墨藍三色套印本]。

鍾惺撰,李先耕、崔重慶標校:《隱秀軒集》(上海:上海古籍出版社,1992)。

譚元春著、陳杏珍標校:《譚元春集》(上海:上海古籍出版社,1998)。

譚卓培:《沈德潛宋金三家詩選研究》(香港:香港中文大學研究院中國語言及文學學部哲學碩士論文,1996)。

嚴羽著、郭紹虞校釋:《滄浪詩話校釋》(臺北:里仁書局,1987)。

龔顯宗:《歷朝詩話析探》(高雄:復文圖書出版社,1990)。

II

王公望:《李夢陽與康海》,《甘肅社會科學》,1997 年第 4 期,第 46－50 頁。

王英志:《沈德潛詩論精義述要》,《文學評論叢刊》,1984 年第 22 輯,第 339－366 頁。

王承丹:《淺論後七子的内部紛争及其影響》,《中國古代、近代文學研究》,1996 年 8 月,第 160－164 頁。

成復旺:《對〈滄浪詩話〉的再認識》,《古代文學理論研究》叢刊,1985 年第 10 輯(6 月),第 207－229 頁。

李慶立:《再論謝榛"以盛唐為法"》,《中國古代、近代文學研究》,1996 年 9 月,第 306－312 頁。

李鋭清:《沈德潛"格調説"的來源及理論》,《香港中文大學中國文化研究所學報》,1985 年第 16 期,第 161－177 頁。

吴兆路:《沈德潛"温柔敦厚"説新解》,《文學遺産》,1997 年第 4 期,第 87－93 頁。

吴光正:《明清詩歌創作和理論紛争的四大特徵》,《中國古代、近代文學研究》,1998 年 1 月,第 90－95 頁。

吴宏一:《袁枚的性靈説》,《中外文學》,1973 第 3 期,第 24－37 頁。

吴宏一:《沈德潛的格調説》,《幼獅月刊》,1976 第 3 期,第 87－92 頁。

吴宏一:《沈德潛〈説詩晬語〉研究》,《編譯館館刊》,1990 年第 1 期,第 1－24 頁。

吴興華:《唐詩别裁書後》,《文學年報》,1938 年第 4 期,《文學年報論文分類彙編》(香港:龍門書店,1969),第 1 冊,第 253－254 頁。

吴調公:《心靈的遠遊——詩歌神韻論思潮的流程》,《文學遺産》,1987 第 3 期,第 10－18 頁。

沈檢江:《明詩擬古主潮:格調禁錮下才情的毀滅》,《學習與探索》,1995 年第 1 期,第 114 – 120 頁。

汪正章:《王世貞文學思想論析》,《廣西大學學報》,1995 年第 4 期,第 65 – 71 頁。

周勛初:《康熙御定〈全唐詩〉的時代印記與局限》,《中國文哲研究通訊》,1995 年第 2 期(6 月),第 1 – 12 頁。

周秦、范建明:《沈德潛與葉燮》,《學術月刊》,1984 年第 6 期(6 月),第 79 – 81 頁。

周策縱:《一察自好:清代詩學測徵》,《清代學術研討會論文集》(高雄:中山大學中國文學系、中山大學中國文學研究所,1993),第 1 – 8 頁。

侯毓信:《略論李夢陽的"情真"説》,《古代文學理論研究》,1985 年第 10 輯(6 月),第 250 – 257 頁。

胡幼峰:《試論〈唐詩別裁集〉編選之得失》,中國古典文學研究會主編:《古典文學》,1988 年第 10 集,第 327 – 358 頁。

胡可先:《沈德潛杜詩學述略》,《杜甫研究學刊》,1994 年第 1 期,第 37 – 44 頁。

袁志彬:《沈德潛及其杜詩論(上)》,《杜甫研究學刊》,1995 年第 3 期,第 44 – 53 頁。

袁志彬:《沈德潛及其杜詩論(續)》,《杜甫研究學刊》,1995 年第 4 期,第 17 – 26 頁,轉第 44 頁。

連文萍:《明代格調派詩論中的"杜詩集大成"説》,《編譯館館刊》,1994 年第 23 卷第 1 期,第 225 – 238 頁。

陳伯海:《"妙悟"探源——讀〈滄浪詩話〉札記之二》,《社會科學戰綫》,1985 年第 1 期,第 235 – 244 頁。

陳國球:《試論李攀龍之選唐詩及"唐無五言古詩而有其古詩"

説的意義及其影響》,《唐代文學研究》(桂林:廣西師範大學出版社,1998),第 873 - 888 頁。

陳正宏:《明詩總集述要》,《古典文學知識》,1997 年第 1 期(1 月),第 107 - 116 頁。

陳瑞山:《滄浪詩話的歷史範例》,《中外文學》,1992 年第 20 卷第 11 期(4 月),第 67 - 81 頁。

張寅彭:《清人總攝明詩的三部大型之著》,《古典文學知識》,1997 年第 5 期(5 月),第 110 - 115 頁。

張晶:《論謝榛的詩學思想》,《中國古代、近代文學研究》,1994 年 4 月,第 302 - 307 頁。

許總:《明清杜詩學概觀》,《文學遺產》,1988 年第 6 期,第 115 - 124 頁。

彭先兆:《〈詩歸〉——一部別具新見的力作》,《古代文學理論研究》叢刊,1989 年第 14 輯(12 月),第 225 - 233 頁。

游國恩:《居學偶記》之《沈氏德潛〈清詩別裁〉之謬妄》,《文史》,1978 年第 5 輯(12 月),第 129 - 130 頁。

黄果泉:《李夢陽詩學思想的格調説》,《河南師範大學學報》,1994 年第 2 期,第 56 頁。

葉朗:《關於沈德潛詩論的兩個問題》,《文學評論叢刊》,1981 年第 9 輯,第 34 - 50 頁。

楊曉景:《略論前後七子文學思想的內在矛盾》,《中國古代、近代文學研究》,1996 年 7 月,第 291 - 296 頁。

楊松年:《詩選之詩論價值——文學評論研究之另一個方向》,《中外文學》,1981 年第 5 期。

鄢傳恕:《清代詩論家論明代前後七子》,《中國古代、近代文學研究》,1993 年 9 月,第 208 - 212 頁。

廖仲安:《沈德潛詩述評》,《文學遺產》,1984 第 2 期,第 65－70 頁。

鄭毓瑜:《李東陽的詩論》,《中外文學》,1983 年第 3 期(8 月),第 152－163 頁。

劉世南:《沈德潛論》,《江西師範學院學報(哲社版)》,1983 年第 2 期,第 34－42 頁。

劉明浩:《試論明代文學家李東陽》,《社會科學戰綫》,1984 年第 4 期,第 277－283 頁。

劉明華:《芬芳悱惻解杜　轉益多師學杜——袁枚對杜詩學的貢獻》,《杜甫研究學刊》,1993 年第 1 期(11 月),第 10－15 頁。

朴英順:《〈滄浪詩話〉與明代詩論》,《上海大學學報》,1997 年第 4 卷第 1 期(2 月),第 54－58 頁。

簡錦松:《論明代文學思潮中的學古與求真》,中國古典文學研究會主編:《古典文學》,1986 年第 8 集,第 313－356 頁。

附　録

王士禛的神韻説及其實踐

一、前言

王士禛神韻説在清初可謂風靡一時,王士禛可謂一代文宗。然而,後來的袁枚與錢鍾書(字默存,1910－1998)曾不約而同地批評王士禛及神韻説,指出"才力自薄"、"天賦不厚,才力頗薄",[1]因此纔言神韻、妙悟,以作掩飾。競争的焦慮與扳倒正宗的目的,在此不言而喻。且讓我們看看王氏一生在詩歌與學問上的努力:王氏年輕時便編有《神韻集》;中年則編了《唐賢三昧集》與《十種唐詩選》,康熙四十三年(1704)編《唐人絶句選》;康熙五十年(1711),王士禛在病榻上將畢生創作加以删定,匯集為《帶經堂集》。《帶經堂集》九十二卷,收録了王士禛的全部詩集和除筆記雜

① 見袁枚著、顧學頡校點:《隨園詩話》(北京:人民文學出版社,1998),上册,第48頁。錢鍾書:《王漁洋詩》,《談藝録》(北京:中華書局,1984),第99頁。

文之外的散文創作,計有《漁洋詩》二十二卷、《漁洋續詩》十六卷、《漁洋文》十四卷、《蠶尾詩》二卷、《蠶尾續詩》十卷、《蠶尾文》八卷、《蠶尾續文》二十卷。其中,詩歌創作有四千餘首。再者,王氏門生遍天下,除非這批包括惠棟(字定宇,1697－1758)在内的門生弟子均是笨伯、木偶,否則以彼等之睿智博學,又何以拜於王氏門下?明末清初的詩壇盟主而又目光如炬的錢謙益豈會為了與王氏其叔祖之交誼而對此後生晚輩大力揄揚?康熙與乾隆的揄揚或許不無政治目的,而以彼等在詩歌上的鑒賞能力,又豈會輕易盲從附和?王氏的詩歌在中國詩歌史上並非一流,然置於元、明、清三朝之中,卻是卓然成家。而其神韻説之横空出世,更是元、明以來詩壇的甘霖。其理論與實踐並重,《秋柳》組詩更是傳唱大江南北,可謂一時無兩。這一切,並非偶然;而且,學問淵博,亦並不代表就能寫出好詩。

本篇先著手分析王士禛的神韻説的内涵,然後深入探討此詩學的創作條件,再回顧其與明代格調説在理論上的關係,最後則落實至論述王氏如何在其詩歌實踐中體現出其神韻詩説。

二、"神"與"韻"

神韻的内涵,因古人之言簡意賅而看似虚無飄渺。孫康宜認為:

> 所謂"神"就是"形"的反面,是一種想像的空間、一種精神的自由。而"韻"乃是美的化身,是對日常生活細節的超越。用王士禛的話來説,這種心境就是"入禪"的體驗,祇能興會神

到,偶然得之,故十分難得。①

想像、超越、入禪以至於興會,這都是此境界的關鍵特徵。宮曉衛則更具體化地作出歸納:

> 綜觀王士禛的論詩言論,涉及面極廣,内容十分繁富,而總其要,則大致可歸納為這幾方面,即為學習、把握前人詩之神的"妙悟";創作實踐中的"興會";藝術風格上追求的意内言外、朦朧清遠、含蓄藴藉。它們構成了王士禛"神韻"詩論的主體。②

"妙悟"亦即"得之於内",因為有了"興會",方有"偶然欲書",至於"意内言外、朦朧清遠、含蓄藴藉",亦即"語中無語"、"偶然欲書"。大致上即如朱東潤闡釋的"三昧"之内涵:"一、得之於内;二、語中無語;三、偶然欲書;四、在筆墨之外。"③

從最基本的字義説起。"神"從示"申"聲,兩者同義,而"申"即"電"的象形字。林尹認為"古人認為雷電發自天神,所以神字從申(電)"④。故此,王士禛講"佇興",亦即靈感,方有主體與天地間那種電光火石的交會,即杜甫所言的"下筆如有神"是也。在此,作

① 孫康宜:《成為典範:漁洋詩作及詩論探微》,《文學評論》,2001 年第 1 期,第 85 頁。

② 宮曉衛:《王士禛》(上海:上海古籍出版社,1993),第 80 – 81 頁。

③ 朱東潤:《王士禛詩論述略》,見朱東潤等:《中國文學批評家與文學批評》(臺北:學生書局,1971),第 21 – 22 頁。

④ 林尹:《文字學概説》(臺北:正中書局,1971),第 66 頁。此處乃轉引自黄景進:《王漁洋詩論之研究》(臺北:文史哲出版社,1990),第 91 頁。

品並非以作者為中心，作者衹是天地與作品之間的中介物，故而在迷離朦朧的境界中，思接千載，虛中有實，實中有虛，非實非虛，穿梭於想像與歷史之間，而非以作者的主體旁觀大千世界而作出評價。

"韻"字可以理解為古代調和編鐘音調以達至和諧，乃樂曲調和而達至"神"入樂中境界的聽覺效果，故而"神"與"韻"，雖各有實指，而最終境界如一。

"神韻"第一次作為一個詞彙使用乃出自《宋書·王敬弘傳》中宋順帝稱讚王敬弘"神韻冲簡"；《南史·隱逸傳》記孫緬遇上一位漁父而嘆曰"神韻瀟灑"；謝赫《古畫品録》評顧駿之的畫曰："神韻氣力，不逮前賢。"

"神韻"較早用於詩歌方面，乃出現於陸時雍（字仲昭，1612－1670?）的《詩鏡總論》。至於最早以"神韻"評詩者亦非始於王士禛，而是明代的孔天允（字汝錫，約 1545 年前後在世），王氏在其《池北偶談》中說：

> 汾陽孔文谷（孔天允）云："詩以達性，然須清遠為尚。"薛西原論詩，獨取謝康樂、王摩詰、孟浩然、韋應物，言"白雲抱幽石，綠篠媚清漣"，清也；"表靈物莫賞，蘊真誰為傳"，遠也，"何必絲與竹，山水有清音"，"景昃鳴禽集，水木湛清華"，清、遠兼之也。總其妙在神韻矣！"神韻"二字，予向論詩，首為學人拈出，不知先見於此。①

① 王士禛著、戴鴻森校點：《帶經堂詩話》（北京：人民文學出版社，1998），上冊，第 73 頁。

黄景進更指出由鍾惺、譚元春所編選的《詩歸》與胡應麟的《詩藪》中均曾以"神韻"評詩。黄景進對王氏不提及"神韻"之源頭表示不理解,又認為其不提胡應麟可能與錢謙益之鄙視胡氏有關。① 其實不然。從各家以"神韻"評詩可見,孔天允乃從謝靈運、王維、孟浩然、韋應物這一山水傳統而作出具體闡釋,其他各家不以此山水傳統為依據,而彼等對此概念之説明亦遠遠不及孔氏詳細具體。

在王士禛論詩的文字當中,以"神韻"具體評詩的幾乎就此一條:

> 七言律聯句神韻天然,古人亦不多見。如高季迪:"白下有山皆遶郭,清明無客不思家。"楊用修:"江山平遠難為畫,雲物高寒易得秋。"曹能始:"春光白下無多日,夜月黄河第幾灣。"近人:"節過白露猶餘熱,秋到黄州始解涼。"(按:李太虚詩)"瓜步江空微有樹,秣陵天遠不宜秋。"(按:程孟陽詩)釋讀徹:"一夜花開湖上路,半春家在雪中山。"皆神到不可湊泊。……余昔登燕子磯有句云:"吴楚青蒼分極浦,江山平遠入新秋。"或庶幾爾。②

奇怪的是,王士禛所列舉的詩人既非唐代大家,就連律詩正宗杜甫亦不入其眼簾,而是始於明朝的幾位詩人,下及他本人。值得注意的是,上述這些詩句的用字及風格,與其本人的創作風格極其接

① 此處乃轉引自黄景進:《王漁洋詩論之研究》(臺北:文史哲出版社,1990),第106－107頁。

② 王士禛著、戴鴻森校點:《帶經堂詩話》(北京:人民文學出版社,1998),上册,第71頁。

近。

這就是王士禛個人在詩歌傳統上的接受與創新，由此開出别開新面的一種審美標準，提出一套新的詩歌理論。王士禛《唐賢三昧集》中所選的詩人並非詩仙李白與詩聖杜甫，而是由王維主導輔以孟浩然、儲光羲這些山水詩人所建構而成的神韻譜系。

最能具體體現王士禛神韻説的莫過於其《神韻集》。王氏在任揚州推官的第二年（康熙元年，1662），"摘取唐律絶句"，編成《神韻集》，以教子弟學詩。可惜此選已佚。黄景進認為《感舊集》中原附有一小部分的《神韻集》，但今本的《感舊集》已無《神韻集》的痕跡，可能乃王氏晚年所删；而其晚年之删《神韻集》，則因為新編的《唐賢三昧集》中已涵蓋了當年的《神韻集》。①

門人問《唐賢三昧集》之要旨，王氏回答如下：

> 《林間録》載洞山語云："語中有語，名為死句；語中無語，名為活句。"予嘗舉似學詩者。今日門人鄧州彭太史直上（始摶）來問予選《唐賢三昧集》之旨，因引洞山前語語之，退而筆記。②

這是高層次的回應，而書中下面對神韻詩的具體解答，就並非如以上三言兩語的妙悟而已。

① 黄景進：《王漁洋詩論之研究》（臺北：文史哲出版社，1990），第105頁。有關《唐賢三昧集》及其與王士禛詩學的關係的探討，可參閲蔣寅：《王漁洋與康熙詩壇》（北京：中國社會科學出版社，2001），第55－79頁。

② 王士禛著、戴鴻森校點：《帶經堂詩話》（北京：人民文學出版社，1998），上册，第82頁。

三、神韻詩的創作條件

王士禛説他自己最喜歡的詩話包括鍾嶸(字仲偉,生卒年不詳)的《詩品》、嚴羽的《滄浪詩話》以及徐禎卿(字昌穀,1479－1511)的《談藝録》。然而,他引用最多而且最傾心的,還是司空圖《二十四詩品》中的"不著一字,盡得風流"八字。

至於其實際在詩學上的應用,主要還是嚴羽的詩論:

> 夫詩之道,有根柢焉,有興會焉,二者率不可得兼。鏡中之象,水中之月,相中之色,羚羊掛角,無跡可求,此興會也。本之風、雅,以導其源;溯之楚騷、漢魏樂府詩,以達其流;博之九經、三史、諸子,以窮其變,此根柢也。根柢原於學問,興會發於性情。於斯二者兼之,又幹以風骨,潤以丹青,諧以金石,故能銜華佩實,大放厥詞,自名一家。①

由此可見,作為詩論家的王士禛非常明白詩歌"興會"與"根柢"的兩大趨向,亦即性情與學問之偏向,當然他亦強調兩者結合之可貴。而"興會",則乃神韻説之趨向,假如整首詩都是賣弄學問,又何以達至鏡花水月、無跡可求的境界?

要以"興會"而創作,則必先"佇興":

> 王士源序孟浩然詩云:"每有佳作,佇興而就。"余生平服

① 王士禛著、戴鴻森校點:《帶經堂詩話》(北京:人民文學出版社,1998),上册,第78頁。

膺此言。故未嘗為人強作,亦不耐為和韻詩也。[①]

“佇興”而就,不“強作”,則必有發自內心的創作欲望及衝動,因而說“發乎性情”、“偶然欲書”:

> 南城陳伯璣允衡善論詩,昔在廣陵評予詩,譬之昔人云“偶然欲書”,此語最得詩文三昧。今人連篇累牘,牽率應酬,皆非偶然欲書者也。[②]

這是“詩文三昧”,可見其服膺的程度,終生不渝。在創作的過程中,則要達至“忘”:

> 當筆忘手,手忘心,乃可。此道人語,亦吾輩作詩文真訣。[③]

“佇興”、“發乎性情”、“偶然欲書”、“忘”,即為發乎自然的情與境遇,不可不發而為詩。

能由“佇興”而至於“興會”者,必有才華,否則一切均是徒然。故而王氏又借嚴羽之詩論,提出“妙悟”:

---

① 王士禛著、戴鴻森校點:《帶經堂詩話》(北京:人民文學出版社,1998),上冊,第67頁。

② 王士禛著、戴鴻森校點:《帶經堂詩話》(北京:人民文學出版社,1998),上冊,第84頁。

③ 王士禛著、戴鴻森校點:《帶經堂詩話》(北京:人民文學出版社,1998),上冊,第82頁。

嚴滄浪《詩話》,借禪喻詩,歸於妙悟,如謂盛唐諸家詩,如鏡中之花,水中之月,鏡中之象,如羚羊掛角,無跡可求。乃不易之論。①

這是才子詩,亦是個人的品味。一切均如鏡花水月,如虚似實,有如其詠史與懷古詩,祇是城牆宫闕、昔日江山,即使是文字獄當前,亦無法以詩入罪,卻又掀起遺民心中的創痛與共鳴,又奠定了其詩壇盟主之地位,可謂典範之作。

妙悟之作又有區別,王氏心目中詩的最高境界,則是由以上的一連串條件之下而達至的境界——"自然":

昔司空表聖作《詩品》,凡二十四品,有謂"冲澹"者,曰:"遇之匪深,即之愈稀。"有謂"自然"者,曰:"俯拾皆是,不取諸鄰。"有謂"清奇"者,曰:"神出古異,澹不可收。"是品之最上者。②

自然流露,點到即止,意在言外。如此境界,非止於情感之傾瀉,更非堆陳表象。情感與學問,祇是基礎而已,而且即使具備了這兩項條件,若没有這種境界的品味與慧根,亦難達至神韻之境界。

作為當時活躍於詩壇的王士禛,對當時詩壇之趨向必然瞭然於胸,而在其出入傳統之際拈出神韻説並致力於實踐,必然有其目的。

① 王士禛著、戴鴻森校點:《帶經堂詩話》,(北京:人民文學出版社,1998),上冊,第65頁。

② 王士禛著、戴鴻森校點:《帶經堂詩話》(北京:人民文學出版社,1998),上冊,第72頁。

四、神韻與格調

自清代以來,學者對王士禛的神韻説便衆説紛紜。翁方綱便認為:

> 李、何、王、李之徒,泥於格調而偽體出焉。……至於漁洋,變格調曰神韻,其實即格調耳。而不欲復言格調者,漁洋不敢議李、何之失,又恐後人以李、何之名歸之,是以變而言神韻,則不比講格調者之滋弊矣。①

翁氏指出王士禛乃變明代復古詩派之格調為神韻,甚至認為神韻"其實即格調"。紀昀亦與翁方綱持相同的觀點。② 然而,郭紹虞則認為翁方綱未辨格調與神韻有所分別:

> 格調之説重在氣象,而神韻之説,更是建築在氣象上的。二者都是給人以朦朧的印象。……實則格調説所給人以朦朧的印象的是風格,神韻説所給人以朦朧的印象的是意境。讀古人詩而得朦朧的印象,這是格調;對景觸情而得朦朧的印象,這是神韻。③

---

① 翁方綱:《格調論(上)》,見郭紹虞編:《中國歷代文論選》(上海:上海古籍出版社,1990),第3冊,第524頁。

② 紀昀:《冶亭詩介序》,見陳良運等主編:《中國歷代詩學論著選》(南昌:百花洲文藝出版社,1995),第1008頁。近人學者亦不乏與翁方綱、紀昀相近的意見,如馬積高:《清代學術思想的變遷與文學》(長沙:湖南人民出版社,1996),第20、61、67頁。

③ 郭紹虞:《中國文學批評史》(上海:上海古籍出版社,1988),第542頁。

格調是風格,神韻是意境,確是的論。風格易摹,意境難至。氣象有字、詞、音韻可循,意境乃詩人的精神體現;字、詞、音韻是構成作品的基礎,而意境則有賴詩人的個性、情感及才情。郭紹虞又説:

> 懸一風格而奔赴之,所以成為摹擬;懸一意境而奔赴之,則祇有能到與否的問題,不會有能似與否的問題。這也是第一義之悟與透徹之悟的分别。①

風格易摹,而意境則非有自家體會不能到。這是第一義之悟與透徹之悟的分别,亦是摹擬與創造之别。神韻説的創作條件非常注重詩人本身的才情,完全是傾向創造性之理論,而持格調説如前七子中的何景明則希望從摹擬而達至創造的"捨筏登岸"。②

郭紹虞又認為翁方綱有關格調之論"説得模糊"③。在格調的研究方面,郭氏對神韻的理解可謂很深入了,然而亦有模糊的時刻,兜兜轉轉之後他又説:

> 我們以前説滄浪詩論是以神韻説的骨幹而加上了一件格調的外衣,那麽,可以説漁洋詩論即使有同於格調的地方,也是以格調説的骨幹,加上了一件神韻説的外衣。這是漁洋較

① 郭紹虞:《中國文學批評史》(上海:上海古籍出版社,1988),第542頁。

② 何景明:《與李空同論詩書》,見郭紹虞主編:《中國歷代文論選》(上海:上海古籍出版社,1990),第3冊,第37-39頁。另可參陳岸峰:《格調的追求:論沈德潛對明清詩學的傳承與突破》,《漢學研究》,2006年第2期,第236-240頁。

③ 郭紹虞:《中國詩的神韻、格調及性靈説》(香港:崇文書店,1971),第57頁。

七子聰明的地方。[1]

這又何異於翁方綱之論？事實並非如此，兩者是有所不同的。雖然郭氏隨即亦指出王士禛之神韻説不重模擬而求朦朧的印象，但基本上如果依郭氏對格調與神韻的認知方法，那將是模棱兩可，永無清晰之日，當然亦無法辨别兩者的真面目，以及彼此的詩學主張。

沈德潛對格調與神韻的認識較為清晰、深入，在《重訂唐詩别裁集序》中，他如此界定兩者的分别：

> 新城王阮亭尚書選《唐賢三昧集》，取司空表聖"不著一字，盡得風流"，嚴滄浪"羚羊掛角，無跡可求"之意，蓋味在鹽酸外也。而於杜少陵所云"鯨魚碧海"，韓昌黎所云"巨刃摩天"者，或未之及。余因取杜、韓語意，定《唐詩别裁》，而新城所取，亦兼及焉。[2]

"不著一字，盡得風流"、"羚羊掛角，無跡可求"是一種風格，"鯨魚碧海"、"巨刃摩天"又是另一種風格。嚴羽在《滄浪詩話》中論詩説："其大概有二，曰優遊不迫，曰沈著痛快。"[3]沈德潛所標舉杜甫的"鯨魚碧海"與韓愈的"巨刃摩天"，可謂嚴羽所説的"沈著痛快"一類，而王士禛的"不著一字，盡得風流"、"羚羊掛角，無跡可求"當

① 郭紹虞：《中國詩的神韻、格調及性靈説》（香港：崇文書店，1971），第65頁。

② 沈德潛選評：《唐詩别裁集》（香港：中華書局，1977），第2頁。

③ 嚴羽著、郭紹虞校釋：《滄浪詩話校釋》（臺北：里仁書局，1987），第8頁。

屬"優遊不迫"一類。沈德潛並没有否定王士禛之選,衹是覺得有所不足,故而其《唐詩别裁集》乃在王士禛"優遊不迫"的基礎上加上復古詩派所追求的"沈著痛快"的唐音。①

"沈著痛快"與"優遊不迫"乃格調與神韻之别。然而,兩者皆又源於嚴羽的詩論。郭紹虞認為前、後七子與王士禛乃各執嚴氏詩論的一端,説:

> 嚴羽詩論乃以神韻説的骨幹,而加上了一件格調説的外衣。明代前後七子祇見了他的外衣,所以上了他的當;清代王漁洋去掉了這件外衣,便覺得一變黄鐘大吕而為清角變徵之音。②

説明代前、後七子祇見嚴羽的格調説並無不妥,然若説他們上了嚴羽的當而泥於摹擬古人格調則不對。李夢陽論詩也主性情,何景明也強調"捨筏登岸",王世貞不也説過"法極無跡,人能之至,境與天會"這類近乎神韻的論調嗎?前、後七子之所以既強調性情,又熱衷於詩法探討,然而又不無矛盾地陷入一味摹擬的泥沼而不能自拔,實乃欲追摹盛唐詩歌而達至盛唐的政治氣象的馳想所致。

格調説與神韻説之别在於,前者是從境界説起,而後者是從基

① 王鎮遠與鄔國平便認為沈德潛論詩首標氣盛格高、雄渾闊大的審美趣向,有意以七子之格調論來補王士禛神韻説之不足。見鄔國平、王鎮遠合撰:《清代文學批評史》(上海:上海古籍出版社,1996),第446頁。有關沈德潛《唐詩别裁集》以格調濟王士禛《唐賢三昧集》之偏於淡遠的論述,可參陳岸峰:《别裁偽體歸雅正:論沈德潛編選的六種選本》,《九州學林》,2005年第1期(春季),第285－289頁。

② 見郭紹虞:《中國文學批評史》(上海:上海古籍出版社,1988),第281頁。

礎説起。格調説是從鍛字遣詞之模倣開始,而神韻説則已超乎這一套,更多的是要求個體情感與當時環境的交會反應。郭紹虞亦説過:

> 工夫在詩上面者,所以成為格調説,因為求之於繩墨之中;工夫不在詩上面者,所以成為神韻説,因為須求之於蹊徑之外。①

故可以説,格調説乃中人之資可學而致之,而神韻説則須别有慧根者,方可達至。從禪宗的角度而辨兩者之别,格調説乃漸悟,須下苦工夫,而神韻則為頓悟,對象為具潛在天賦者。故而張九徵(字公道,1617－1684)在《與王阮亭書》中稱格調為"後天事"而遂有"傖父"、"笨伯"之譏,而對漁洋之神韻則乃譬之為"御風以行,飛騰縹緲",②雖不無阿諛的成分,而實際上也説到了兩者的根本分别。

王士禛之倡導神韻,其實際創作又是如何體現其理論的呢?以下以其絶句與懷古詩略作分析。

五、神韻詩與絶句及懷古詩

趙翼針對王士禛在詩歌創作上之偏向神韻,而有以下批評:

① 郭紹虞:《中國詩的神韻、格調及性靈説》(香港:崇文書店,1971),第58頁。

② 原出周亮工:《尺牘新鈔》,此處乃轉引自郭紹虞:《中國詩的神韻、格調及性靈説》(香港:崇文書店,1971),第50－51頁。

其名位聲望,為一時山斗者,莫如王阮亭。然阮亭專以神韻為主……然專以神韻勝,但可作絶句,而元微之所謂"鋪陳終始,排比聲韻,豪邁律切"者,往往見絀,終不足八面受敵為大家也。①

趙氏以為絶句富有韻味,而王氏亦因此偏向於局限而未能為大家。然而,對此問題,王士禛並非不知道,他曾説:

自昔稱詩者,尚雄渾則鮮風調,擅神韻則乏豪健,二者交譏;唯今太宰説嚴先生之詩,能去其二短,而兼其兩長。②

當然,王氏的整體詩作確是偏向於神韻而乏豪健。從我們對他成長的環境及家學的瞭解,這是必然的結果。正如李白詩一二妙處,杜甫不能為之;杜甫一二絶處,亦非李白所能致之。翁方綱則為王氏解圍,認為王氏乃有意朝冲和淡遠的詩風發展:

先生於唐賢獨推右丞、少伯以下諸家,得三昧之旨,蓋專以冲和淡遠為主,不欲以雄鷙奥博為宗。③

施閏章喻漁洋詩如"華嚴樓閣,彈指即現;又如仙人五城十二樓,縹

① 趙翼:《甌北詩話》,卷一〇,見郭紹虞:《清詩話續編》(上海:上海古籍出版社,1983),上册,第1299頁。

② 王士禛著、戴鴻森校點:《帶經堂詩話》(北京:人民文學出版社,1998),上册,第161頁。

③ 翁方綱:《七言詩三昧舉隅》,見丁福保輯:《清詩話》(上海:上海古籍出版社,1978),第291頁。

緲俱在天際"①。這種描述説的就是神韻詩的境界。

1. 絶句

王士禛曾就自己的幾首絶句作出如下評論:

唐人五言絶句,往往入禪,有得意忘言之妙,與淨名默然,達磨得髓,同一關捩。觀王、裴《輞川集》及祖詠《終南殘雪》詩,雖鈍根初機,亦能頓悟。……予少時在揚州,亦有數作,如:"微雨過青山,漠漠寒煙織。不見秣陵城,坐愛秋江色。"(《青山》)"蕭條秋雨夕,蒼茫楚江晦。時見一舟行,蒙蒙水雲外。"(《江上》)"雨後明月來,照見下山路。人語隔溪煙,借問停舟處。"(《惠山下鄒流綺過訪》)"山堂振法鼓,江月掛寒樹。遥送江南人,雞鳴峭帆去。"(《焦山曉起送昆侖還京口》)……皆一時佇興之言,知味外味者當自得之。②

在此,他明確地提出了唐人五言絶句與禪宗的關係,而"得意忘言"既是禪宗之旨,同是神韻之妙,具體以王維《輞川集》這一他推崇的神韻譜系為體悟對象。至於他自己的少作,風格亦與此譜系極其接近。因此,宫曉衛指出:

王士禛舉唐詩的"蘊藉含蓄,意在言外",本特指絶句而言,而朦朧冲淡、清遠飄逸的意境亦不易從長於運氣蓄勢、濃

① 王士禛:《漁洋詩話》,見丁福保輯:《清詩話》(上海:上海古籍出版社,1978),第199頁。

② 王士禛著、戴鴻森校點:《帶經堂詩話》(北京:人民文學出版社,1998),上册,第69頁。

墨重彩的長篇大製中求得。王士禛之擅長絶句,恰恰是其理論與實踐的印合。①

五言絶句的體裁特徵正合神韻論之言簡而意遠,長篇大製或非其不能,而是不合理論要求。吴調公則認為王士禛的七絶最能呈現其神韻説:

他的神韻説還得力於他在創作中特别是在七絶詩創作中,善於觀物於微,抓住一掠而過的感受,扣合着當前與之相適應的氣氛。王漁洋曾經説過這一段極其透辟的話:"當其觸物興懷,情來神會,機括躍如,如兔起鶻落,稍縱則逝矣。有先一刻、後一刻不能之妙。"(郎廷槐《師友詩傳録》)②

絶句的短小篇幅最適合於偶然欲書的興會,眼前觸發佇興的景物與胸中塊壘遇合,故而詩中有山有水,而山水景物又隱隱約約地點染出作者的情感色彩。

2. 懷古詩

懷古詩,這是王士禛體現神韻的主要題材,但其用典過多,因此而招人詬病。袁枚批評他説:"詩中必用典,可以想見其喜怒哀樂之不真矣。"③沈德潛亦頗有微言:

① 宫曉衛:《王士禛》,(上海:上海古籍出版社,1993),第89頁。
② 吴調公:《神韻論》(北京:人民文學出版社,1991),第219頁。
③ 袁枚著、顧學頡校點:《隨園詩話》(北京:人民文學出版社,1998),上册,第80頁。

漁洋獺祭之工太多,性靈反為書卷所掩,故爾雅有餘,而莽蒼之氣、遒折之力往往不及古人。①

事實是否如此？先看看此類作品：

澤國陰多暑氣微,一城煙靄晝霏霏。
春風遠岸江蘺長,暮雨空堤燕子飛。
四鎮蟲沙成底事,五王龍種竟無歸。
行人淚墮官橋柳,披拂長條已十圍。②

"四鎮"指明末靖南伯黄得功(號虎山,？ -1645)、東平伯劉澤清(字鶴洲,？ -1645)、興平伯高傑(字英吾,？ -1645)、廣昌伯劉良佐(字明輔,？ -1667)。"蟲沙"典出《抱朴子》:"周穆王南征,一軍盡化。君子為猿為鶴,小人為蟲為沙。""五王"乃分别指南明的福王朱由崧(1607 - 1646)、唐王朱聿鍵(1602 - 1646)、永明王朱由榔(1623 - 1662)、魯王朱以海(字巨川,1618 - 1662)以及益王朱由本。一首詠史詩,不啻於上了一堂歷史課,這並非其以神韻駕馭懷古詩的典範,然而這不就是批評者所要求的學問嗎?

以下的例子迥然不同,少了典故,更多的是興亡之感慨:

千古秦淮水,東流繞舊京。
江南戎馬後,愁煞庾蘭成。
(《余澹心寄金陵詠懷古跡詩卻寄二首》之一)

---

① 沈德潛選評:《清詩别裁集》(香港:中華書局,1977),第61頁。

② 王士禛著,惠棟、金榮注:《漁洋精華録集注》(濟南:齊魯書社,1999),上册,第99頁。

永嘉南渡人皆盡,建業西風水自流。
灑酒重悲天塹險,浴凫飛燕滿汀洲。
(《曉雨復登燕子磯絶頂》)

年來斷腸秣陵舟,夢繞秦淮水上樓。
十日雨絲風片裏,濃春煙景似殘秋。
(《秦淮雜詩》之一)①

詩中要見學問,不外乎典故之運用及是否妥當而已。整篇典故,終為學究,若偶爾嵌入,了無痕跡,而又令人想像無限,則為絶妙高手。

實際上,用典正是王士禛懷古詩導引讀者達至神韻彼岸的"筏",没有這些典故,則一切均是虚幻夢囈,某種歷史時空與特定詩境的聯想便無從産生。其傳唱大江南北的少年得意之作《秋柳四章》,其時唱和者包括徐夜(字嵇庵,1611－1683)、顧炎武(字寧人,1613－1682)、冒襄(字辟疆,1611－1693)等遺民詩人,甚至還有閨秀如李季嫺、王潞卿等。王士禛《菜根堂詩集序》對唱和之衆頗為自許,而他亦詳細地描述了觸動其"神韻"之情景:

順治丁酉秋,予客濟南,時正秋賦,諸名士雲集明湖。一日會飲水面亭,亭下楊柳十餘株,披拂水際,綽約近人。葉始微黄,乍染秋色,若有摇落之態。予悵然有感,賦詩四章,一時和者數十人。又三年,予至廣陵,則四詩流傳已久,大江南北

① 王士禛著,惠棟、金榮注:《漁洋精華録集注》(濟南:齊魯書社,1999),上册,第103、110、166頁。

和者益衆。於是《秋柳》詩為藝苑口實矣。[1]

孫康宜指出:

> "秋柳詩"之所以能在文壇上引起如此重大的反響,與其特殊的藝術手法有着密切的關係。蓋該詩所採用的含蓄手法除了在文字與意象方面給人一種朦朧美以外,它正好也巧妙地勾起了一些"敢悲不敢言"的遺民情緒。……因為正由於"秋柳詩"中似有似無的含蓄深幽之韻致,纔引起了當時許多遺老和知識分子的想像與共鳴。[2]

秋柳拂水,搖落悲恨,不禁掀起遺民的集體回憶,山水依舊,而天地變色。其時風靡大江南北的《秋柳四章》如下:

秋來何處最銷魂,殘照西風白下門。
他日差池春燕影,祇今憔悴晚煙痕。
愁生陌上黄驄曲,夢遠江南烏夜村。
莫聽臨風三弄笛,玉關哀怨總難論。

娟娟涼露欲為霜,萬縷千條拂玉塘。
浦裏青荷中婦鏡,江干黄竹女兒箱。
空憐板渚隋堤水,不見琅琊大道王。

① 王士禛:《菜根堂詩集序》,《王士禛全集》(濟南:齊魯書社,2007),第2004－2005頁。

② 孫康宜:《成為典範:漁洋詩作及詩論探微》,《文學評論》,2001年第1期,第81頁。

若過洛陽風景地，含情重問永豐坊。

東風作絮糝春衣，太息蕭條景物非。
扶荔宫中花事盡，靈和殿裏昔人稀。
相逢南雁皆愁侣，好語西烏莫夜飛。
往日風流問枚叔，梁園回首素心違。

桃根桃葉鎮相憐，眺盡平蕪欲化煙。
秋色向人猶旖旎，春閨曾與致纏綿。
新愁帝子悲今日，舊事公孫憶往年。
記否青門珠絡鼓，松枝相映夕陽邊。①

惠棟（字定宇，1697－1758）共為這四首詩作了二十七個注脚，可見用典之多。《秋柳四首》均以秋柳起興，典故紛呈，而各有所指。第一首之“白下門”、第二首之“永豐坊”以及第三首之“扶荔宫”、“靈和殿”幾個地方均以楊柳名聞天下，而第四首之“新愁帝子”指的是曹丕（字子桓，187－226）賦柳而傷往之事。故而四首詩中的典故均與楊柳有關，非常不容易，此乃學問，亦即“根柢”的展現。如此鋪排典故，意欲何為？具體而言，第一首之“黄驄曲”是以唐太宗李世民（599－649）喻明太祖朱元璋（字國瑞，1328－1398），“烏夜村”乃以晉穆帝司馬聃（343－361）之后喻馬皇后，指的是晚明之賢皇后難復得，故有其敗。第二首則嘆如蓮花之君子不復存在，唯遺“青荷”等群小亂政；“中婦鏡”則指後宫無補於君德；至於“江干黄

① 王士禛著，惠棟、金榮注：《漁洋精華録集注》（濟南：齊魯書社，1999），上册，第51－54頁。

竹女兒箱”則刺弘光帝(1607－1646)大肆掠奪民女以充後宮,民女倉皇逃亡,隨身衹有粗陋的黄竹之箱;下一聯則刺弘光帝之暴行有如挖河以行其淫樂之隋煬帝楊廣(569－618),可惜不見有收復失地之猛將如琅邪内史桓温(字元子,312－373)。洛陽風景宜人,弘光帝登位後縱情聲色,已全忘這正是其父朱常洵(1586－1641)被李自成(1606－1645)所殺之所在。第三首以“扶荔宫”與“靈和殿”慨嘆盛世之永逝,“相逢南雁皆愁侶”指明遺民,而“西烏”則指南明諸王不肖,文臣武將無能,又以枚乘(？－前140)與梁孝王劉武(前184？－前144)之故事刺曾助史可法(字憲之,1601－1645)禦敵,後來卻降清之侯方域(字朝宗,1618－1654),藉此諷臣子不忠。至於第四首則以“秋色向人猶旖旎,春閨曾與致纏綿”寫弘光帝之貪新厭舊,此故事落實於“舊事公孫憶往年”這一句,寫的是曾流落民間的漢宣帝劉詢(病已,前91－前49)登位後不忘尋回結發之妻,而弘光帝卻不認在離亂中前來相認之童妃。凡此種種,均可見晚明君臣及後宫之亂象,由此而言,其敗亡實屬必然。

王氏此組詩,以當時聚會所見之秋柳起興,血脈相連,唱出了晚明悲歌。其之所以能風靡大江南北,應在於是“根柢”與“興會”之結合,故歷來被視為王氏神韻詩之最高典範。

這組詩皆有具體的歷史地點,皆乃古今興亡之地,一入眼簾,結合當下,歷史的滄桑感便洶湧而至,夢、秋柳、古寺、王室廢墟、江南等意象的選擇,營造了一種如夢如幻的境界,從而醞釀了一種莫名的傷感,一如王氏之臨湖見秋水、柳絮而惆悵莫名,故而讀者各有懷抱。正如孫康宜所言,這批歷經了翻天覆地動蕩的遺民,無論是個人遭遇或是民族情感,均歷經磨難與掙扎,故而均有“敢悲不敢言”的壓抑,而在山水當前,卻為一詩壇後進王士禛巧妙地予以釋放,讓衆人在情感上均得到了宣洩,故而紛紛唱和,王氏亦因其才華横溢及其家族淵源,一躍成為詩壇新星以及衆望所歸的未來盟主。

3. 詩與政治

值得一提的是,王氏的懷古詩在當時就為他惹來了政治上的麻煩,甚至亦招來不少當今研究者的批評。有論者就認為“詠歌帝力,點綴太平,因此深受康熙的青睞”[①]。實有失公允。《秋柳四首》組詩,曾被認為是悼念明亡之作,乾隆年間,工部尚書彭元瑞便“掎摭”這四首詩的“語疵”,使王氏幾乎因此而陷於文字獄。[②] 其實,無論是懷古詩或是《秋柳四首》,均乃王氏流露個人真性情之所在,否則,作為處於文字獄雷厲風行之際的官僚,根本不必要冒上隨時抄家滅族之危險。

王氏與明末遺民的關係益可證其在詩中所流露的是真性情。遺民詩人與閨秀詩人,這基本上是兩個極端的組群。一方面,詩壇名家能為此初出茅廬者唱和,或許是因為此等人物歷盡山河破碎,理想幻滅,胸中塊壘,久鬱於中,有待傾訴;而另一方面,閨閣中人亦為此組詩所打動,又有何緣由?《秋柳四首》自當時至今,解人無數,莫衷一是。而導致衆人共和、衆説紛紜的原因,便是神韻之其中一面。最重要的是兩組讀者群所處的都是一個沉痛而壓抑的時

① 王利民:《王士禛詩歌研究》(北京:中華書局,2007),第48-49頁。

② 管世銘:《追憶舊事》詩注,《韞山堂詩集》卷一六,轉引自劉世南:《清詩流派史》(臺北:文津出版社,1994),第206頁。

代,彼此均有一種"故國不堪回首月明中"、"問君能有幾多愁?恰似一江春水向東流"的悲愴回憶,而詩中卻朦朦朧朧,没有明白道出。這便是神韻詩的高明之處。

徐乾學(字原一,1631－1694)在其為王士禛撰寫的《十種唐詩選序》中便指出:

> 余交新城王先生四十年,側聞緒論矣。詩之為教,主於温柔敦厚,感發性情,無古今之别。……先生金口木舌以警學者,既引有唐諸公為之證據,又别裁偽體,使成善本,用心苦矣。①

作為相知四十年的知交,徐乾學對王士禛的詩論及意向必然有相當準確的把握。否則,王氏不可能將其序置於卷首。由徐氏對王氏論詩選詩的宗旨來看,王氏都是不折不扣的傳統儒家詩教的信徒。王氏選詩,如徐氏所説的"意寄深遠"、"機趣藴蓄"、"能略得六義之遺者為宗"。即是説,"有乖温柔敦厚之旨,亟亟乎其斂而抑之也",不合"温柔敦厚"之旨,皆不在選録之列。而徐氏更引唐人芮挺章在《國秀集序》中之言,將王氏比作以選詩濟詩壇之弊的芮挺章。然而,是甚麼因由要王士禛"金口木舌以警學者"呢?而他又何能以神韻説主導清初詩壇呢?正是王士禛惝恍朦朧之詩風,成就了獨具一格的神韻説。亦因為這種詩風,王士禛既可於詩中寄存個人的真實情懷(包括對前朝敗亡之哀悼),又免於文字獄,又

① 見王士禛:《十種唐詩選》(臺北:廣文書局,1971),第3－4頁。

能成為清初詩壇盟主。①

絶句與懷古詩别有懷抱，各有千秋，然而，王士禛的詩歌創作中另一種能呈現其神韻論之最高境界者，應該是其題畫詩。

六、詩與畫及禪

詩、畫及禪自王維起已有會通之勢，下及蘇軾，益加推許三者，並無二致，及至王士禛提出神韻説，三者更是得到了圓滿的結合與會通。三者之共通，終歸妙悟。

王士禛之傾向王、孟詩風，乃深受其兄王士禄（字子底，1626－1673）的影響。《居易録》記載：

> 時先長兄考功始為諸生，嗜為詩，見予詩甚喜，取劉頊陽（一相，明相國鴻訓之父）先生所編《唐詩宿》中王、孟、常建、王昌齡、劉昚虛、韋應物、柳宗元數家詩，使手鈔之。②

《蠶尾續文》中亦説：

> 長兄考功先生嗜為詩，故予兄弟皆好為詩。嘗歲莫大雪，

① 有關"神韻説"的避禍之説，可參馬積高：《清代學術思想的變遷與文學》（長沙：湖南人民出版社，1996），第69－70頁；蕭華榮：《中國詩學思想史》（上海：華東師範大學出版社，1996），第336頁。至於神韻説之所以能主導清初詩壇及神韻説與"清真雅正"的關係，可參方孝岳：《中國文學批評》（北京：三聯書店，1986），第200、203－204頁。

② 王士禛著、戴鴻森校點：《帶經堂詩話》（北京：人民文學出版社，1988），上册，第172頁。

> 夜集堂中置酒,酒半出王、裴《輞川集》,約共和之,每一詩成,輒互賞激彈射,詩成酒盡,而雪不止。[①]

如此的成長環境,童年美好的記憶影響了他的一生;王、孟詩風的影響,亦貫穿了他畢生的審美情趣與生活方式。故而從入仕伊始,他便已進入了王、孟模式或魏、晉名士的生活氛圍。

王氏最為推崇的是王維,認為其詩最得神韻之三昧,其中的一個原因就在於"詩中有畫,畫中有詩",而關鍵在於必藉"妙悟"方得其神:

> 世謂王右丞畫雪中芭蕉,其詩亦然。如"九江楓樹幾回青,一片揚州五湖白",下連用蘭陵鎮、富春郭、石頭城諸地名,皆寥遠不相屬。大抵古人詩畫,祇取興會神到,若刻舟緣木求之,失其指矣。[②]

雪中不可能有芭蕉,各地亦不可能並現,祇因"興會神到",祇可意會,不可言詮,這就是神韻。由是言之,詩與畫及禪之關係密不可分,道理如一:

> 《史記》如郭忠恕畫天外數峰,略有筆墨,然而使人見而心服者,在筆墨之外也。右王楙《野客叢書》中語,得詩文三昧,

① 王士禛著、戴鴻森校點:《帶經堂詩話》(北京:人民文學出版社,1988),上册,第169頁。

② 王士禛著、戴鴻森校點:《帶經堂詩話》(北京:人民文學出版社,1988),上册,第68頁。

司空表聖所謂"不著一字,盡得風流"者也。①

余嘗觀荆浩論山水而悟詩家三昧,其言曰:"遠人無目,遠水無波,遠山無皴。"……詩文之道,大抵皆然。②

以上論及詩與畫,再論詩與禪:

捨筏登岸,禪家以為悟境,詩家以為化境,詩禪一致,等無差别。③

再深入的便是詩與畫及禪之會通:

或問"不著一字,盡得風流"之説。答曰:太白詩:"牛渚西江月,青天無片雲;登高望秋月,空憶謝將軍。余亦能高詠,斯人不可聞;明朝掛帆去,楓葉落紛紛。"襄陽詩:"掛席幾千里,名山都未逢;泊舟潯陽郭,始見香爐峰。常讀遠公傳,永懷塵外蹤;東林不可見,日暮空聞鐘。"詩至此,色相俱空,正如羚羊掛角,無跡可求,畫家所謂逸品是也。④

---

① 王士禛著、戴鴻森校點:《帶經堂詩話》(北京:人民文學出版社,1998),上册,第85-86頁。

② 王士禛著、戴鴻森校點:《帶經堂詩話》(北京:人民文學出版社,1988),上册,第86頁。

③ 王士禛著、戴鴻森校點:《帶經堂詩話》(北京:人民文學出版社,1988),上册,第83頁。

④ 王士禛著、戴鴻森校點:《帶經堂詩話》(北京:人民文學出版社,1988),上册,第70-71頁。

李白與孟浩然詩中雖有所實指，但更多的是一種莫以名狀的情懷，難以鑿實。作畫之妙一如做詩，這是神韻理論在作畫上的應用，亦取其“興會神到”而已。吴調公指出：

> 王漁洋強調詩的神韻之時，正是清初南宗畫派風靡，特别是推崇“逸品”之際。這種詩與畫在神韻説上的近於合流，並非偶然。①

又説：

> ……漁洋身上除了受禪宗影響以外，還有着魏晉風度和玄學因素。因此，他畢生提倡的神韻説在其創作實踐中的重要體現，便是對山川雲物的藝術感受和愛好，偏於清澄飄逸的審美範疇。②

確為的論。

現在，讓我們欣賞下王士禛所做的兩首題畫詩：

偶來獨立碧溪頭，
石澗茅亭白日幽。
風雨欲來山欲暝，
萬松陰裏颯寒流。
(《葉欣畫》)

---

① 吴調公：《神韻論》(北京：人民文學出版社，1991)，第223頁。
② 吴調公：《神韻論》(北京：人民文學出版社，1991)，第222－223頁。

憶昔茅齋雪霽時,
地爐松火夜談詩。
春風騎馬長安去,
如此溪山坐付誰。
(《題黄鶴山樵畫》)①

題畫詩乃詩人憑畫中景物而作想像,或並未曾親歷其境,畫作衹是提供想像或佇興的媒介,故而題詩是為了説明畫作意圖,畫作則是凝定而没有再作説明的空間。題詩是否能達至説明畫作意圖的目的?《葉欣畫》一詩中的"風雨欲來山欲暝"既非畫作所能呈現,甚至是題詩者對"獨立碧溪頭"者所處的大環境的暗示。至於《題黄鶴山樵畫》中的"憶昔茅齋雪霽時,地爐松火夜談詩",根本非畫中所有,乃題詩者之想像,或者賦了一幅"騎馬長安去"者過去的美好時光。因此,其題詩豐富了畫中的歷史及境界,從現在而溝通了過去,以至於此刻的悵惘及未來的不可預知。一切均未有明確的答案,由此而為觀賞者之介入提供了更廣闊的領悟空間。

此外,因為畫作已為詩人設定了固有的景物,即是已在廣大的空間中作了最精彩的濃縮,而且以他人之眼而呈現在詩人眼前的景物,畢竟與詩人自身的審美方式截然不同,這種迥異的審美方式給予了詩人一種强烈的陌生化的審美刺激,故而其題畫詩便不會如其自身遊歷所寫的詩一樣,落入既定的起承轉合以及審美方式的窠臼。故此可以説,詩、畫及禪三者之結合與會通,乃王士禛詩作中境界最高而且最能呈現神韻的作品。

① 以上兩首題畫詩,分别見王士禛著,惠棟、金榮注:《漁洋精華録集注》(濟南:齊魯書社,1999),上册,第189頁;下册,第846頁。

七、結論

王士禛之拈出神韻説，乃源於家學與性情，自取其向，非關學問。王氏的神韻論及其創作為清初詩壇帶來了一股清新的氣息，擺脱了前、後七子之糾纏於模擬，洗盡了公安派之輕浮與竟陵派之尖巧，其詩作風靡大江南北。更為重要的是，王士禛與其他詩人兼理論家不同的是，其詩論著重妙悟，此為資質上乘者而設，故而没有具體而詳細的眉批可資檢閲推敲與繁衍論述，然而其傑出而多産的詩作，則有力地豐富了其詩學内涵，此可謂前無古人。殆無可疑。

後記

自《詩經》以降,中國詩歌歷經千百年的探索,終於在唐代綻放光芒,千載之下,傾倒了多少英雄豪傑,慰藉了多少彷徨寂寞的心,同時又令多少文人墨客束手無語,枉費心血。唐詩,是國人對輝煌時代的想像,亦是黑暗衰落的時期的觀照與追求。

大學時代經常與同學流連於不同的舊書店,花了不少錢,買了很多霉書、爛書。而在一大堆亂買的書中,卻有幾本在日後大有用場,那就是 1973 年香港中華書局出版的由清代沈德潛(確士,1673–1769)所編選的《唐詩別裁集》、《明詩別裁集》以及《清詩別裁集》。這三種選本,黃色封面,版面及字體均很小,而且在選詩的旁邊還有更小的密密麻麻的詩人生平以及沈氏的眉批與旁批。不久,又買了藍色封面的《古詩源》,並在圖書館複印了《宋金三家詩選》與《杜詩偶評》,沈氏之選本基本都齊了。因為書緣,播下了種子,日後我的哲學碩士論文,便以沈德潛詩學為題,研究的就是以唐詩為典範,上溯《詩經》、魏晉詩歌,下糾宋、明、清詩歌之流弊。

1998 年的夏天,為了撰寫哲學碩士的畢業論文,我開始在香港中文大學新亞圖書館搜集資料,在香港大學馮平山圖書館檢閱、抄寫明代版本的《古今詩刪》。同年冬天,我申請了香港科技大學人文學部的研究基金,前赴臺灣訪學與搜集撰寫論文的相關資料,先後在政治大學複印相關研究的論文資料,又在“中央研究院”傅斯年圖書館借閱《沈歸愚詩文全集》,並促成其與香港科技大學圖書館達成館際互借。冬天的臺北有點陰暗,常常下著毛毛雨,我一次又一次地抱著一大疊資料,疲倦地坐在公車上,回到了其時客次的臺灣師範大學外賓樓。

在此期間,亦因導師陳國球教授的引介,我們與黃景進教授、顔昆陽教授、吕正惠教授以及蔡英俊教授一起於臺北飯聚;其後,又拜會了沈德潛研究專家胡幼峰教授。諸位學界前輩熱情款待,並對我的研究提供了很多寶貴的建議。黃景進教授是“神韻説”的專家,後來還讓我將畢業論文寄給他過目。顔昆陽教授與蔡英俊教授不久之後亦來香港科技大學人文學部參加學術會議,由我負責接待。這是我因沈德潛的研究而與臺灣學界建立的一段學術關係。

回港之後,我夜以繼日地完成了哲學碩士論文,接著升讀博士班。在此期間,開始修訂碩士論文中的一章並發表於臺灣的《漢學研究》。後來,在撰寫博士論文期間,我亦開始了教書生涯,其間繼續不斷地修訂碩士論文,在午間休息的電腦室,在下班後夜深的家中,甚至遠至在絲路的旅途上,也捎帶上其中的一章。如今再回顧此歷程,可謂感慨萬千。而這些論文的陸續發表,亦算是辛苦耕耘的一點慰藉。這是青春的夢想,亦是對學術的憧憬而傾注心血的印記。

此書的形成以至於出版,在此必須感謝以下一系列師友與同事:

導師陳國球教授在我思考以及撰寫論文的過程中,給予了學術上的傳授。在我答辯的過程中,論文委員會的高辛勇教授與黃敏浩教授付出了寶貴的時間作出審閱,並提供了寶貴的建議。

為此書作序的何文匯教授與陳永華教授,均乃大名士。何教授學富五車,馳騁於學術、影視以及政治領域,成就非凡。陳永華教授乃音樂界翹楚,穿梭中外,出入古今,理論與創作並重,碩果纍纍。我與何教授偶然相識於某一文化機構,不久又在學院中與陳教授成為同袍,故而時常叨陪末座,聆聽教授之高論,受益匪淺。我很榮幸能獲得上述兩位常常指導我的學界前輩為小書作序,以作為這段緣分的紀念。

鄭鍾幼齡教授數年來在工作上耳提面命,在生活上則噓寒問暖。此次她十分支持我將《沈德潛詩學研究》與《疑古思潮與白話文學史的建構——胡適與顧頡剛》兩書出版,並為我向香港大學專業進修學院研究撥款委員會作出了推薦。陳永華教授得知我申請研究基金後,即拔刀相助,鼎力玉成。十分感激兩位前輩。

在此,我謹將此書獻予鄭鍾幼齡教授與陳永華教授,以聊表寸心。

謝謝香港大學專業進修學院研究撥款委員會的沈雪明教授、楊健明教授、黃德明教授、詹志勇教授以及張偉遠教授對申請出版的審閱與批核。

此外,還得謝謝齊魯書社的副編審李軍宏女士以及郭靚女士為這本書的出版所付出的心血。

此書篇章,陸續發表於許多重要的學術期刊,詳情如下:第一章《沈德潛的詩學歷程及其相關研究評估》,《漢學研究通訊》,2009年第29卷第1期(2月),第13-19頁;第四章《詩學與政治的張力:沈德潛詩論中的"温柔敦厚"》,《九州學林》,2007年(冬季),第35-61頁(發表時題目為《詩學與政治的張力:論沈德潛詩論的

"温柔敦厚"》);第二章《格調的追求:沈德潛對明清詩學的傳承與突破》,《漢學研究》,2006 年第 2 期(12 月),第 225 - 254 頁(發表時題目為《格調的追求:論沈德潛對明清詩學的傳承與突破》);第五章《别裁僞體歸雅正:沈德潛編選的六種選本》,《九州學林》,2005 年第 1 期(春季),第 276 - 315 頁(發表時題目為《别裁僞體歸雅正:論沈德潛編選的六種選本》);第三章《沈德潛對李攀龍的詩學理念的傳承與批判》,《漢學研究》,2001 年第 2 期(12 月),第 399 - 416 頁(發表時題目為《〈唐詩别裁集〉與〈古今詩刪〉中"唐詩選"的比較研究:論沈德潛對李攀龍詩學理念的傳承與批判》);本書附録:《王士禛的神韻説及其實踐》,《香港大學饒宗頤學術館期刊》,2011 年(春季),第 1 - 41 頁。

陳岸峰

2011 年 4 月 28 日

圖書在版編目(CIP)數據

沈德潛詩學研究/陳岸峰著. —濟南:齊魯書社,2011.6
ISBN 978-7-5333-2503-9

Ⅰ.沈... Ⅱ.①陳... Ⅲ.沈德潛(1673~1769)—詩學—文學研究 Ⅳ.①I207.22

中國版本圖書館CIP數據核字(2011)第076544號

沈德潛詩學研究

陳岸峰 著

出版發行 齊魯書社
社　　址 濟南市英雄山路189號
郵　　編 250002
網　　址 www.qlss.com.cn
電子郵箱 qlss@sdpress.com.cn
印　　刷 日照日報印務中心
開　　本 880×1230/32
印　　張 6.75
插　　頁 3
字　　數 157千
版　　次 2011年6月第1版
印　　次 2011年6月第1次印刷
印　　數 1-1200
標準書號 ISBN 978-7-5333-2503-9
定　　價 26.00圓